广安高质量发展典型案例选编

小平干部学院
中共广安市委党校　主编

西南财经大学出版社
四川·成都

图书在版编目(CIP)数据

广安高质量发展典型案例选编/小平干部学院,中共广安市委党校主编.—成都:西南财经大学出版社,2019.6
ISBN 978-7-5504-3929-0

Ⅰ.①广… Ⅱ.①小…②中… Ⅲ.①区域经济发展—案例—广安 Ⅳ.①F127.713

中国版本图书馆 CIP 数据核字(2019)第 070263 号

广安高质量发展典型案例选编
小平干部学院　中共广安市委党校 主编

策划编辑:孙婧
责任编辑:金欣蕾
助理编辑:陈何真璐
封面设计:墨创文化
责任印制:朱曼丽

出版发行	西南财经大学出版社(四川省成都市光华村街55号)
网　　址	http://www.bookcj.com
电子邮件	bookcj@foxmail.com
邮政编码	610074
电　　话	028-87353785
照　　排	四川胜翔数码印务设计有限公司
印　　刷	郫县犀浦印刷厂
成品尺寸	170mm×240mm
印　　张	13.25
字　　数	246 千字
版　　次	2019 年 6 月第 1 版
印　　次	2019 年 6 月第 1 次印刷
书　　号	ISBN 978-7-5504-3929-0
定　　价	60.00 元

1. 版权所有,翻印必究。
2. 如有印刷、装订等差错,可向本社营销部调换。

前　言

党的十九大对新时代我国社会主义现代化建设做出了新的战略部署，明确以经济建设、政治建设、文化建设、社会建设、生态文明建设"五位一体"的总体布局推进中国特色社会主义事业，制定了新时代统筹推进"五位一体"总体布局的战略目标。这是新时代推进中国特色社会主义事业的时间表、路线图和任务书。

广安是中国改革开放和现代化建设总设计师邓小平同志的故乡，位于四川省最东面，紧邻重庆，居"成渝西昆"钻石经济圈中心，是"一带一路"建设和长江经济带发展的重要节点城市，拥有"伟人故里、滨江之城、川东门户、红色旅游胜地"四张名片。近年来，广安市委市政府带领470万广安人民认真践行邓小平理论和习近平新时代中国特色社会主义思想，强化"高质量发展就是能很好满足人民日益增长的美好生活需要的发展"意识，按照"1234"工作思路，即达到"推进高质量发展、建设美丽繁荣和谐广安"一个目标，发挥"小平故里的优势和紧邻重庆的优势"两个优势，强化"抓项目、抓政策、抓资金"三个抓手，做到"川渝合作示范城市、嘉陵江流域国家生态文明先行示范区、现代农业示范基地、红色旅游胜地"四个加快建设，统筹推进"五位一体"发展，在各项事业方面取得了辉煌成就，探索积累了有益经验。在中华人民共和国成立70周年之际，我们系统梳理这些典型做法与经验，并形成《广安高质量发展典型案例选编》一书。本书既是广安重要的历史记录和文献资料，又以翔实的资料反映了广安人民热爱广安、建设广安、发展广安的奋斗历程和"逢山开路、遇水架桥、披荆斩棘、勇往直前"的奋斗精神。

当前,广安正处于统筹推进"五位一体"发展的战略机遇期,我们必须在以习近平同志为核心的党中央坚强领导下,深入学习贯彻落实习近平新时代中国特色社会主义思想和习近平总书记对四川工作系列重要指示精神,进一步深刻理解和准确把握广安市委"1234"的工作思路,以高质量发展为引领和导向,以不断进取的精神,解放思想、实事求是,抓住机遇,开拓奋进,推动广安高质量发展取得更大更新的成就,奋力谱写社会主义现代化新征程的广安新篇章。

期望本书能够给大家提供一些有益的借鉴和参考。

本书编写组

2019 年 5 月

目 录

经济建设类

华蓥农商银行的精准扶贫探索 / 3

高滩川渝合作示范园的发展之路 / 6

邻水县乡村旅游"源头活水"为脱贫攻坚注入新活力 / 10

和诚林业公司的"百企帮百村"行动 / 14

"邮"入万家 "绿"满村 / 18

华蓥市创新探索"N+集体经济"模式 / 22

川东煤都华丽转型电子新城 / 28

川渝合作示范区（广安片区）建设的"五新实践" / 33

广安（深圳）产业园：广安开放合作样本 / 37

电商物流与实体经济融合发展的"五四法则" / 40

广安布衣农业："三产融合"推进农业转型升级 / 44

白马村用柠檬铺就致富路 / 48

"111"工程：开启群众致富门 / 51

瞿家店村发展乡村旅游助力乡村振兴 / 55

六合寨村："丑小鸭"到"白天鹅"的华丽转身 / 58

政治建设类

岳池县"长板凳计划"探索两新组织党建工作 / 65

时代先锋映党旗
　　——四川广安发电有限责任公司党委开展"党员当先锋"
　　品牌建设纪实 / 68

落实主体责任的前锋模式 / 71

创新"政区合一"管理体制突破改革发展壁垒
　　——前锋区机构改革暨体制创新纪实 / 75

让党旗飘扬在脱贫攻坚最前线
　　——华蓥市明月镇探索实践党建活动 / 78

华蓥市教育科技体育局用"五三法则"抓党建的实践探索 / 82

县乡人大工作旧貌换新颜 / 86

咬定青山不放松　春风度过玉门关
　　——《广安市制定地方性法规条例》出台纪实 / 89

汇聚统战智力　助推地方发展
　　——开展坚持和发展中国特色社会主义学习实践活动武胜基地建设的
　　探索与实践 / 92

文化建设类

岳池县全媒体工程的探索发展 / 97

"曲艺之乡"唱响优秀传统文化的强音 / 101

武胜县"四课同创"整体推进基础教育课程改革 / 106

武胜剪纸艺术的传承与发展 / 112

弘扬社会主义核心价值观　共建文明新农村

　　——武胜观音桥村发挥社会主义核心价值观推进乡村振兴纪实 / 116

广安职业技术学院"党建+寝室文化建设"的创新实践 / 120

乡风文明润沃土

　　——前锋区推进农村精神文明建设纪实 / 124

发挥小平故里优势　打造外宣品牌 / 128

社会建设类

"360群众工作站"　为民服务暖人心 / 135

筑牢国医根基　助力健康扶贫 / 138

SYE广安办公室：助推青年创新创业 / 142

坚持以人为本理念　探索拥军优属新路 / 146

古桥街道发挥老年余热创新基层治理 / 150

扶贫对象精准管理的"三个一"模式 / 155

伟人故里的和谐使者：广安郭太平调解工作室 / 158

武胜县奏响网格交响和谐乐章 / 161

易地扶贫搬迁：告别"一方水土养不了一方人" / 164

以村规民约为抓手　推进村庄综合治理 / 168

撬动小微学校　推动义务教育均衡发展 / 171

生态文明建设类

誓让"两河"展新颜 / 177

悉心呵护生命之源

　　——协兴园区治理一级饮用水源保护区纪实 / 181

PPP模式推进城镇污水治理 / 184

华蓥市坚持绿色引领　推动现代农业发展 / 188

多管齐下、标本兼治，推动建设天蓝地绿水清的美丽广安 / 192

政企合作谋治水　经济生态话双赢

　　——广安市全域实施"洁净水"行动经验 / 196

丘陵地区农业绿色发展的广安路径 / 200

后　记 / 204

经济建设类

华蓥农商银行的精准扶贫探索

金融精准扶贫工作启动以来，华蓥农商银行以中国人民银行扶贫再贷款为基石，进一步加大对本地中小企业的支持力度，将扶贫再贷款广泛运用到带动能力强、市场前景好的实体经济，不仅有效破解了中小企业融资难、融资贵的难题，更用实际行动践行了"以金融支持产业，以产业带动就业，以就业带动增收"的金融扶贫工作要求。仅2016年，华蓥农商银行就向瑞祥塑料制品有限公司（下称瑞祥塑业）、东云生态、大佛山种植合作社等投入信贷资金3 500万元，用金融的杠杆撬动了产业扶贫的大发展。

一、背景

2017年6月6日，瑞祥塑业被中华人民共和国人力资源和社会保障部、国务院扶贫办认定为扶贫就业基地，是此次确认的四川省72家企业之一，也是广安市唯一一家。在众多华蓥农商银行信贷支持的产业脱贫企业中，瑞祥塑业显得尤其特殊。说它特殊，不仅在于该公司是广安市唯一的福利企业，更为特别的是该公司的用工情况。一走进瑞祥塑业的加工车间，编织机、拉丝机轰鸣声就如同万马奔腾般闯进耳朵。在这里有一群特殊的人，不管是在技术岗位、监督岗位、简单手工岗位还是在转运岗位，我们都可以看到他们的身影。他们有的行动不便，有的听不见，有的不能正常说话，他们就是瑞祥塑业聘用的66名残疾人员工，而这部分特殊人群占到整个公司员工的30%。

二、做法

1. 强化企业社会责任感

近年来，瑞祥塑业积极响应扶贫攻坚号召，通过"龙头企业+农户"的模式对贫困户进行帮扶，以每年牺牲上百万元产能的代价把这些别的企业不想要、不敢要的特殊人群吸收到公司，并根据每个人的具体情况，将他们安排在相应的岗位上。在他们的身上，你丝毫感受不到命运的不公留下的烙印，但可以深刻感受到他们眼神中透露出的对幸福的向往、对命运的感恩和对脱贫的渴望。家住观音溪镇大屋嘴村的王某因小儿麻痹症行动极为不便，想去打工赚钱却又屡次被拒之门外，加之其母亲患上了尿毒症，生活的重担让这个困窘的家庭更是雪上加霜。在得知情况后，瑞祥塑业将王某招聘进厂。每个月2 000多元的工资不仅极大地缓解了整个家庭的压力，也让王某从家庭的负担成为家里的顶梁柱。在瑞祥塑业，这样的例子还有很多很多，多舛的命运虽然让他们苦不堪言，而像瑞祥塑业这样具有社会责任感的企业却为他们搭建了就业脱贫的平台，打造了实现人生价值的舞台，不仅改变了他们的经济状况，让他们通过自身劳动脱贫，更为他们树立起人生的自信和尊严。

2. 深入落实金融扶贫政策

2016年，金融精准扶贫工作步入关键时期。在扶贫小额贷款的基础上，华蓥农商银行将富有社会责任感的中小企业、新型农业组织、农业产业化企业作为支持的首选，通过注入信贷资金，帮助企业成长壮大。作为一家有着13年发展历史的塑料覆膜包装袋生产销售企业，瑞祥塑业目前已经发展成为四川编织袋行业的十强企业。正是因为该企业有科学的发展规划、有专业的管理人才、有先进完备的生产线、有大量稳定的供应渠道，加之其福利企业的特殊背景，华蓥农商银行将首笔1 700万元的产业扶贫贷款注入该公司用于技术改革、扩大产能。同时，在贷款发放过程中，华蓥农商银行辅以同档次基准利率让利企业，让瑞祥塑业充分利用其产业优势、企业文化吸收贫困户就业创业，引导瑞祥塑业优先解决符合条件的建档立卡贫困户。贷款发放后，该企业的生产经营情况怎样？技改扩能的效果达没达到？残疾人员工的工资待遇有没有提高？华蓥农商银行将这些问题与日常贷后检查相结合，并为企业提供产业信息咨询服务，在融资的基础上为企业融智，进一步增加其产业带动脱贫的能力。

在66名残疾职工中，有6名建档立卡贫困户。华蓥农商银行不仅对他们发放了小额扶贫贷款，还通过对口帮扶，为他们寻找创业项目、分析市场环境，让他们在安心就业的同时，通过发展家庭式小规模种养殖，进一步增加收入，彻底脱贫致富。此外，为减轻残疾职工的经济负担，2016年华蓥农商银行通过移动终端进厂的方式，免费为他们开办了蜀信卡和手机银行，让他们在园区内就可以享受到方便、安全、快捷的金融服务。而每年春节期间开展的慰问活动已然成了一种习惯。2015年春节，邹光建董事长就亲自率相关部门，将春节慰问品和新春祝福送到他们的手中。

得益于华蓥农商银行的信贷支持，瑞祥塑业2016年实现生产产值7 000万元，较2015年净增2 000万元；实现利润400万元，较2015年净增100万元；创税300余万元，较2015年净增110余万元。2016年，残疾职工平均工资达到3 800元/月，较2015年净增600元/月，并享受养老、医疗、失业、工伤、生育保险。瑞祥塑业不仅帮他们脱了贫，更让他们老有所养、老有所依。

三、启示

授人以鱼不如授人以渔。精准脱贫，重在精准，输血不如造血，瑞祥塑业正是通过给这些残疾职工中的贫困户技术和能力，从而助推他们脱贫。脱贫攻坚，重在产业，成在产业。通过金融支持企业发展，以企业发展促进就业创业，以此带动脱贫致富，是一个金融机构应尽的历史使命和社会责任。有责任感的企业，不仅应该得到社会的尊重，更应通过金融的力量让它成为行业翘楚。

报送单位：华蓥农商银行
执笔人：宋春宇、孙婷婷

高滩川渝合作示范园的发展之路

这是一个没有硝烟的战场，经过1 500多个日日夜夜的艰苦奋战，原来高低不平的丘陵地带如今是一片坦途。一座座山头消失不见，一座座厂房拔地而起。50余户入驻企业、207亿元招商资金、4平方千米的建成区面积，邻水县高滩川渝合作示范园这片投资热土充分展示了邻水县委、县政府抓发展的高瞻远瞩和大手笔、大气魄。

一、背景

高滩镇位于四川省邻水县西南部，与重庆市渝北区茨竹镇、大湾镇接壤。2012年11月，《国家发展改革委关于川渝合作示范区（广安片区）建设总体方案的批复》明确提出"在川渝毗邻的潼南、广安建设川渝合作示范区"，进一步推进川渝毗邻地区快速发展。为逐步完善邻水工业布局，主动探寻川渝合作突破口，大力承接产业转移，做大做实工业配套基地，加快推进邻水经济发展，邻水县委县政府审时度势，提出了"长藤结瓜"发展思路，并于2012年11月设立了高滩川渝合作示范园（以下简称高滩园区）。

二、做法

1. 坚持规划先行

围绕县委县政府的重大决策部署，按照提前谋划、科学规划、合理计划的要求，邻水县委县政府提前对园区范围内土地平场、道路建设、河道整治、绿化亮化、公共设施等进行规划设计。哪里是城？哪里建生活区？哪里建物流区？哪里打造装备制造区？这些都需反复进行科学论证，最终形成科学结论，切实做到规划科学、布局合理。

提前谋划为园区快速推进基础设施建设提供了强劲有力的保障，园区成立

2013年6月21日高滩园区破土动工

不到一年时间，就已经完成18平方千米的地形测绘、15平方千米的总体规划和产业规划、5平方千米的控制性详细规划、二期土地平场及10平方千米的骨干道路工程设计、生活配套服务区规划、安置房建设项目规划设计，同时全面完成了一期31公顷土地平场及道路基础建设工程，为园区高速度发展打下了坚实的基础。

2. 坚持征拆先动

高滩园区建设的快速推进，离不开征地拆迁的先行启动。园区成立以来，邻水县委县政府精心安排部署，县级相关部门、高滩镇整体联动，广大人民群众积极配合，有序推进了征地拆迁工作。按照提前启动的原则，相关部门对纳入征拆范围内的房屋及时进行锁定，多渠道、多形式向拆迁户宣传征拆补偿政策，签订拆迁协议，准确丈量土地、房屋面积，组织精干力量进行拆迁，及时兑现各类补偿款，得到了广大拆迁群众的极力拥护和积极配合，为园区土地平场和基础设施建设的顺利进行铺平了道路。仅2016年，征拆面积达110.2公顷，拆迁房屋302户，清点赔偿树竹、坟山等附着物67公顷。截至2017年6月底，已基本完成约4平方千米范围内的征地拆迁工作，签订房屋安置补偿协议689户，安置2 275人。

3. 坚持招大引强

邻水县委县政府强化项目引进机遇意识，坚持高位推进，大力实施领导带头招商、以商招商、驻点招商、精准招商战略，适度提高企业入驻门槛，坚持把招大引强作为主攻点和突破口，瞄准大企业、盯住大项目，对新摸排的项目抓牢线索、紧盯不放，着力引进投资强度大、市场前景好、产品附加值高的大项目和大企业。投资32亿元、占地120公顷的河北工业园，投资10亿元、占地12公顷的方鑫工业先后签约入驻高滩园区。截至2017年6月底，高滩园区累计考察企业500余户、接待来访企业200余户、签约企业49户，其中11户建成投产、12户加紧建设，招商引资协议资金为207亿元。

4. 坚持问题导向

一个园区的发展不可能一蹴而就，也不可能一帆风顺，建设过程中必然会出现诸多问题。国防光缆搬迁难、征拆个案补偿协商难、企业施工便道不通等问题相继出现。针对这些问题和困难，高滩园区按类别、视轻重，建立工作台账，及时协调解决。根据收集到的问题，高滩园区定期召开职工会、办公会，研究解决措施，落实工作责任，不定期邀请县级领导和部门召开工作推进会、专题会，协调解决建设发展过程中的困难。园区每半个月举办一次职工会、办公会。此外，县级分管领导每半个月到园区现场办公一次的工作机制已经形成。这及时有效地解决了各类问题和困难，确保了园区快速发展。

三、启示

其一，领导重视是关键。广安市委市政府将高滩园区列入全市13个重点工程之一，确定一名市委常委专门联系园区。广安市委市政府领导先后多次到高滩川渝合作示范园调研，对园区建设发展做出了重要指示。邻水县委县政府主要领导每月到高滩园区现场办公一次、分管领导每半个月到高滩园区现场办公一次已经形成常态机制，推动园区快速发展壮大。

其二，企业拥护是根本。一个没有企业拥护的园区注定是走不长远的，高滩园区的建设能取得今天的成效，离不开企业的拥护和支持。一是得天独厚的区位优势让企业竞相入驻。园区紧邻重庆市渝北区，距重庆两江新区15千米，距重庆江北机场40千米，距重庆寸滩保税港区55千米，距重庆火车北站58千米，是四川省距重庆主城最近的园区。国道210线高滩至重庆茨竹段截弯取直后直接接通重庆南北大道；208省道高滩经子中至大湾段二级公路即将建设，直通达渝高速公路，交通条件十分便利。二是优惠的政策红利让企业加快建设。四川力登维公司是一家专门生产汽车内饰、顶棚的公司。该公司原来在重庆生产，但因为原有用地紧张，在选新址时考察了四川、重庆等地后，受高滩园区在供地、能源保障、财政及金融扶持等方面优惠政策吸引，最终选择高滩园区。三是优质的服务让企业不断发展壮大。园区定期召开专题会，帮助企业解决运输、用工、水电气保障等困难，保证企业正常生产建设；优化企业办事流程，园区工作人员为企业"一站式"全程代办、"全方位"协办各类行政审批手续，不断提高办事效率，减轻企业负担；不断创新服务方式，实行

"一对一、多对一"服务方式，提前介入招商引资项目，为企业量身定制服务套餐，变被动接受为主动承担，变高高在上的"指导员"为热情耐心的"服务员"，切实当好企业参谋、做好企业助手。

其三，群众支持是保障。高滩园区始终将征地拆迁作为园区发展建设的前提、作为工作的重中之重来抓，全力配合高滩镇做好征地拆迁补偿相关工作。征拆工作推进快、效果好，规划建设范围内的群众积极支持征地拆迁工作，大力支持园区建设发展，主动要求拆迁房屋，成了园区发展的不竭动力。

报送单位：邻水县高滩川渝合作示范园
执笔人：余飞洋、孙婷婷

邻水县乡村旅游"源头活水"为脱贫攻坚注入新活力

近年来,邻水县按照"旅游+精准扶贫"新模式,突出规划引领脱贫、注重区域示范脱贫、突出景区带动脱贫、拓宽渠道带动扶贫,通过发展乡村旅游产业,真正实现了农村资源"活"起来、农村要素"动"起来、贫困群众"富"起来。

一、背景

邻水县隶属于四川省广安市———一代伟人邓小平的家乡,境内明月山、铜锣山、华蓥山以8千米至12千米的间隔平行分布,大洪河、御临河蜿蜒其间,形成"三山夹两槽"的特殊地貌。《中共四川省委关于集中力量打赢扶贫开发攻坚战确保同步全面建成小康社会的决定》指出:"发展乡村旅游促增收,发挥旅游产业对增收脱贫的带动作用。"近年来,邻水县按照"看得见山、望得见水、记得住乡愁"的生态文明建设要求,大力发展乡村旅游,积极探索推进"旅游+精准扶贫"新模式,助力精准扶贫。乡村旅游产业逐渐成为经济新增长点和服务业发展的优势来源。截至目前,柳塘乡成功创建为省级乡村旅游示范乡,黎家乡渔场村、城北镇姚家村、石滓镇大步口村、柳塘乡大河坝村、柳塘乡铁水河村、丰禾镇丰光村6个村成功创建为省级乡村旅游示范村;全县累计发展农家乐100余家,全县各乡镇发展星级农家乐(乡村酒店)26家,带动近10 000名农民通过旅游实现直接或间接就业,带动620余户2 200余人脱贫。乡村旅游扶贫模式也让乡村旅游的高"含金量"得到基层干部和群众的充分认同。

二、做法

1. 突出规划引领脱贫

为推动旅游发展，邻水县始终坚持规划先行，编制完成了《邻水县旅游产业发展总体规划》《邻水县乡村旅游发展总体规划》。目前，邻水县正在编制《华蓥山东麓生态修复保护与利用总体规划》《柑子—观音片区乡村旅游规划》等规划，着力打造"一核两带六区"旅游发展新格局（一核：以县城为核心。两带：东西两槽乡村旅游带。六区：天意谷、御临河、大洪河、五华山、泥汉坪、铜板沟）。在此基础上，邻水县全面调查梳理全县贫困地区乡村旅游资源，结合实际调研情况，科学编制了《四川省邻水县乡村旅游扶贫规划（2016—2020年）》《邻水县乡村旅游扶贫方案》《邻水县2017年旅游扶贫计划》。邻水县政府在以上规划中提出乡村旅游扶贫的发展目标与阶段任务，进一步明确全县乡村旅游扶贫工作重点区域、空间布局、产品体系、重点项目，并提出乡村旅游扶贫保障措施和建议，注重维护规划的严肃性，坚持先规划、后建设，严格按照规划组织实施，确保乡村旅游扶贫取得实效。

2. 注重区域示范脱贫

按照"建一处景点、引一批企业、活一带经济、富一方群众"的思路，全县基本形成了东槽以两河尧园、袁市临水缘、现代农业园区钰盛园、柳塘伍昱洁梦幻山庄、柳塘金谷源、柳塘万氏草莓园为主，西槽以甘坝天意谷景区沿线、梁板清水谷、城南铜锣山、城南杰帝霖、观音六合寨梨园、观音红石崖山庄、柑子缪氏庄园、柑子李子园等为主的东西两槽乡村旅游示范带。柑子镇依托葡萄产业，建成缪氏庄园，在全省县域经济现场会上获得省市领导高度评价，已成为邻水乡村旅游标杆。"葡萄贴上了二维码，相当于有了'身份证'！"缪氏庄园为在此做工的280多户农户设置了二维码。消费者可以通过扫描二维码，详细了解与葡萄相关的身份信息。在葡萄种植期间，缪氏庄园对其长势、施肥、锄草等情况进行全程跟踪记录，建立葡萄生产档案。一旦出现食品安全问题可立即追查责任人和相关原因，还可根据生产档案，追溯到农资采购环节。这既保证了葡萄的质量，又能让消费者吃得放心。销售方式和管理方式的创新优化，使葡萄的销售更加供不应求。进入葡萄采摘季，不仅葡萄热销，连庄园内的酒店、餐厅都生意火爆，每月游客量为4 000~5 000人次。

3. 突出景区带动脱贫

邻水县充分发挥华蓥山天意谷景区、铜锣山旅游区、五华山旅游区等景区的带动辐射作用，通过为周边村民提供就业岗位，引导村民集中参与土特产品销售等,极大提高了村民的经济收入;积极为景区居民提供就业创业机会,引导景区周边农民发展特色小吃、特色农家,进行农产品销售、旅游商品销售等。

"一定要改变芭蕉村的落后面貌,带领群众早日走上致富路!"冯建乔一直没有忘记村支书和人大代表的责任。"旅游资源这么好,哪能饿肚子?"冯建乔打造乡村旅游基地,完善村里的基础设施、公共服务等,并创建铜锣山生态旅游度假村,动员村上全员参与脱贫攻坚各项工作,并以"生态立村、产业兴村、旅游富村、环境靓村、法纪治村"为目标,打造与众不同的芭蕉村。城南镇芭蕉村成立了广安格林现代农业科技开发有限公司,公司各主体共计投入500万元(其中以现金、劳动力、土地租金入股共计折合资金475万元,扶贫支农资金投入25万元),合计股本500股。2015年年底,铜锣山生态旅游度假区成功创建为国家3A级旅游景区,芭蕉村171户贫困户473人全部脱贫。

4. 拓宽渠道带动扶贫

石滓镇中城寨村建立了"村集体+农户""村集体+业主+农户""村集体+旅游发展公司+农户"三种利益联结机制。在旅游业开发方面,中城寨村大力招商引资,引进旅游发展公司,村集体以国家投资形成的基础设施入股、村民以土地林地入股共同参与开发,村集体分一成,农户、旅游发展公司共同享受收益分成。宋某是村里重点帮扶对象之一。他与妻子常年患病,长期依靠低保救助生活。为彻底挖断穷根,稳定扶贫效果,当地干部和群众将目光投向了发展乡村旅游业。有特色农业产业做支撑,坐拥明月山秀美自然风光和康养避暑的优势气候条件,以及古代驿道、明清古寨等一批人文遗址,该村制订了生态乡村旅游发展规划。目前,一个综合了生态休闲农业和自然人文旅游的中城寨景区正在有序推进中。"靠近公路,视野开阔,以自家的地理位置开个农家乐正合适。"宋某的想法与村上的规划正好合拍。景区还未开张,已有几批游客慕名前来,这让中城寨村村主任胡建清更有信心:"以前,游客来了,没法吃饭、住宿;现在,在山腰和山上,新培育了左家和叶家两家民宿达标户。游客可以吃点儿农家菜,住干净整洁的农家房,体验乡村生活。游客都说这样的生活非常有滋味。"

三、启示

其一,深化机制改革,用制度保障旅游脱贫实效。深化体制机制改革,激活发展的内生动力,是旅游脱贫的基本前提。我们要用好用活上级有关政策,同时有针对性地制定相关政策,推进农村产权制度、农村经营体制等改革,盘活水田、山林、旱地、房屋等沉睡资源，优化农村产业结构。同时，我们应积极创新经营管理模式，建立合作社与农民的利益共同体，从而实现农村资源"活"起来、农村要素"动"起来、贫困群众"富"起来。

其二，完善优化配套服务，做精做细提高旅游品质。做强旅游业配套服务，是旅游脱贫的重要要求。人们要以旅游点和旅游扶贫示范村建设为中心，围绕"吃、住、行、游、购、娱"和"闲、情、奇、商、养、学"新旧六要素，因地制宜求发展。我们既要修旧如旧追求古朴乡村风，也要"土洋结合"注重创新，精心布局配套服务设施，借助现代休闲功能的布局，提升服务实力和游客消费档次，增加有效供给。我们要加快建设和完善交通、能源、通信水利等配套基础设施，进一步整合村集体资源，引导村民发展农家乐或民宿经营，夯实贫困镇村经济发展基础。

其三，发展全域旅游，将资源串联成珠，实现优势互补。我们坚持全景打造，形成优质旅游环线和旅游示范带，在旅游资源富集区打造类型丰富、特色鲜明的旅游景点、景区，形成区域互融、资源互补的旅游大格局，拓宽贫困群众增收渠道和受益范围，让旅游业成为百姓致富新路子。

报送单位：邻水县旅游局

执笔人：秦秀国、孙婷婷

和诚林业公司的"百企帮百村"行动

2015年9月,广安市委统战部、市工商联、市光彩事业促进会共同启动"百企帮百村"精准扶贫行动。全市民营企业积极响应号召,迅速行动,通过产业扶贫、捐赠扶贫、商贸扶贫、村企结对、"公司+基地+合作社+农户"、技能培训、就业创业等多种方式,对全市建档立卡贫困村实施精准扶贫、精准脱贫帮扶。四川广安和诚林业开发有限责任公司(以下简称和诚林业公司)是一家集青花椒种植、加工、冷链物流、销售、新产品研发为一体的民营国家级林业重点龙头企业。该公司充分发挥自身种植技术优势,把青花椒产业发展与脱贫攻坚工作有机结合,积极投身"百企帮百村"精准扶贫行动,先后在前锋区、广安区建立了800公顷广安青花椒示范基地,引领、带动前锋区、广安区的贫困户脱贫致富,为广安市打赢脱贫攻坚战做出了积极贡献。

一、背景

四川广安和诚林业开发有限责任公司是广安市工商联会员企业,公司法人、董事长黄志标是广安市工商联常委、前锋区工商联副主席。这位来自改革开放前沿城市——广州的成功企业家,时刻铭记"吃水不忘挖井人,致富不忘邓小平"的信念,于2007年9月举家来到广安,专门从事广安青花椒的培育、加工、冷链物流、销售、新产品研发工作。

在广安市委统战部、市工商联和市光彩事业促进会发出"百企帮百村"精准扶贫行动倡议后,黄志标积极响应号召,充分发挥示范带头作用,利用自身农业发展龙头企业优势,努力把青花椒产业发展与当前脱贫攻坚工作有机结合,带领老百姓大规模种植花椒,让贫困村百姓过上幸福生活、奔上小康之路,开创了企业与群众互惠共赢、持续发展的良好局面。

和诚林业公司花椒产业发展的重点区域是前锋区的94个贫困村和广安区

的 136 个村。这些贫困村地处偏远、交通不便、经济落后，农业生产基础设施差，外出人口多，土地荒芜面积大，缺乏增收致富的优质产业和优良品种，缺乏资金和管理技术，抵御风险能力差，但很多地方都适宜发展花椒产业。

二、做法

1. 艰苦探索，提升花椒质量

广安农村有种植花椒树的传统习惯，但由于品种不好和缺乏管理技术，栽植的花椒树产量很低、品质差，经济效益非常低，这严重挫伤了农民的积极性。黄志标同志看在眼里、急在心里，他决心改变这种面貌。他在广安区恒升镇代龙村与农民同吃同劳动，与四川农业大学、广安市林业科学研究所合作，投入大量资金和精力，经过多年的努力，硬是在山高坡陡的贫瘠土地上建起了首个优质高产广安青花椒示范基地，不仅让当地老百姓获得了收益，也让企业得到了发展。

2. 村企结对，实施产业扶贫

和诚林业公司根据"百企帮百村"精准扶贫行动要求，结合自身实际，与观阁镇偏岩村等 8 个贫困村结起了帮扶对子。和诚林业公司为结对帮扶贫困村制订了脱贫帮扶规划：2015—2016 年，真正让撂荒的土地"活"起来，把广安青花椒移植过去，让贫困户都变为花椒种植能手，使贫困农民拔起脱贫致富之锚；2017—2019 年，巩固壮大致富产业，全面消除新增致贫返贫现象；2020 年，巩固提升发展水平，全面建成小康村。

前锋区观阁镇偏岩村属贫困村。全村共 7 个组、260 户、930 人，该村位置较偏僻，山高坡陡，土地荒芜多。全村以种粮食为主，收入少，因而特别贫困。和诚林业公司与该村结成帮扶对子后，多次到实地进行调查研究，为其专门制订了脱贫帮扶规划。鉴于该村经济力量十分薄弱，和诚林业公司采取土地租赁的办法，于 2014 年 5 月至 10 月在该村全额投资建立了 53 公顷高标准、规范化的广安青花椒种植示范基地，大量吸纳该村农户在基地务工，增加农户的土地租赁收入和务工收入。

前锋区龙滩镇黄泥村的村组干部和农民发展花椒产业的积极性高，但他们缺资金、缺技术。和诚林业公司针对该村的现状，经过充分调查和研究协商，采取由公司出苗木、肥料、农药和技术，农户出土地和劳力，收益分成的办法，并于 2016 年春季合作建立了约 33 公顷的广安青花椒种植基地。基地建设的良好开端和美好前景，激发了村组干部和农民的热情。和诚林业公司决定在未来两年将基地规模扩大到 100 公顷，彻底解决该村贫困难题。

广安区肖溪镇桥梁村，虽不是贫困村，但位置偏远、交通不便，从来没有搞过农业产业，土地荒芜十分严重，经济非常落后。和诚林业公司了解到情况后，根据农民的意愿，将该村11个组的约67公顷荒山荒地、弃耕地全部租赁下来，于2016年春季全部栽植上了广安青花椒良种苗木。在花椒种植和管理中，全村在家劳动力全部到基地务工挣钱，村里人都感叹道："想不到我们坐在家里就能打工挣钱，这都是托了花椒基地的福。"

3. 授人以渔，增强致富技能

针对农民不懂花椒种植、管理技术的现状，和诚林业公司狠抓广安青花椒种植、丰产培育管理技术的指导和技术培训，帮助农户真正掌握花椒树的种植和丰产培育管理技术，增强他们发展花椒产业脱贫致富的能力。和诚林业公司先后举办青花椒技术培训班6期，累计培训贫困户、椒农600人次；组织开展科普讲座4次，听讲贫困户、椒农近300人次；现场技术指导200余人次，解答贫困户、椒农技术疑难10多个。同时，在花椒生长的各个关键季节，和诚林业公司技术团队深入相关贫困村，举办田间技术学校，就花椒整形修剪、肥水管理、病虫害防治等关键技术进行了全面普及，组织贫困农户集中现场接受季节性的生产管理技术培训，培育种植技术能手，推广花椒育苗、栽植、丰产培育等技术，手把手地教会他们掌握种植关键要领。2015年5月以来，和诚林业公司技术团队深入60余个贫困村，共计进行了200余次的"手把手"跟踪服务指导，培训技术骨干1 310人次，使得辖区内的青花椒品质大幅提升，花椒树长势、树形也越来越好，让椒农们普遍增产30%以上，人均增收1 000元以上，已使1 200余户贫困户实现了脱贫致富。

4. 利益联结，形成长效机制

黄志标认为："只有让农民得到更大的实惠，大家才能跟着你干，企业才能寻觅更大的商机。"和诚林业公司采取多种方式给农民吃下定心丸。一是力推"公司+合作社+农户+基地"的订单模式。和诚林业公司负责提供种苗和技术，以市场保底价格回收农户的花椒，合作社或农户负责花椒的种植管理。这样，帮助农民解决了种植花椒的技术问题和花椒的销路问题。二是发动群众采取以土地入股的方式来流转土地。群众不仅可以获得土地租金，还可常年在基地务工，实现另外一份收入。三是利润返补。和诚林业公司按当年花椒产量的30%以奖代补返给村社集体组织和出租土地的农民，最大限度让利给农民。若每户农民种植200株花椒，只要管理到位，第二年开始就可以有收入，三年后就可获得1万至2万元的收入。

三、启示

广安和诚林业开发有限责任公司积极参与"百企帮百村"精准扶贫行动，

充分发挥资金、技术、人才、管理优势，结合贫困村生态、土地、劳动力、资源等实际情况，因地因企制宜开展村企共建，实施产业扶贫，为我市农业、林业产业化的龙头企业带动脱贫攻坚提供了有益借鉴。

其一，产业扶贫，必须走农业产业化经营道路。首先，农业产业化经营需依靠龙头企业带动，采取"公司+基地+农户"的发展模式。农业产业化经营可以团结广大分散的农户，让他们在龙头企业的带领下共同闯市场，找到更稳定的销售渠道，从而降低市场风险。否则，农民千辛万苦种出来的农产品"卖不掉"或者价格低，产后损失率高，增产不增收。其次，农业产业化经营需有效拉长农业产业链条，增加农业附加产值，通过创造就业岗位，解决农村剩余劳动力的就业问题，从而增加他们的收入。最后，调整农业产业结构，通过优化产业结构，实现农业的规模化生产和区域化布局，促使传统农业向现代农业转变，经营方式由粗放经营向集约经营转换，从而不断增强农产品的市场竞争力。

其二，龙头企业理当在脱贫攻坚中勇挑重担。龙头企业是经济建设过程中的一股重要力量，同时也是打赢国家脱贫攻坚战的一股重要力量。四川广安和诚林业开发有限责任公司围绕市场需求、资源优势，带动农民发展青花椒产业，采取"企业+农户""企业+基地+农户""企业+合作社+基地"等模式积极培育发展农民专业合作社。专业大户、家庭（农）林场等新型经营主体，通过合同订购、保底收购、二次返利等形式，实现产业发展，实现了强村富民、脱贫奔康。目前，和诚林业公司已带动、引领60余个贫困村、9 000余户贫困户，订单种植"广安青花椒"800公顷。目前，和诚林业公司已投产400余公顷，年产鲜花椒6 000余吨，带动5 300余户农户增收，户均增加纯收入5 000元以上。

其三，非公有制企业只有积极贡献才能获得健康发展。产业扶贫是脱贫致富的重中之重，通过产业带动的造血式扶贫是效率最高、效果最好、持续性最强的扶贫方式。民营企业作为打赢脱贫攻坚战的一支重要社会力量，应充分利用自身拥有的经营战略、人才和管理经验，开展产业扶贫。四川广安和诚林业开发有限责任公司作为非公有制企业，用真心、动真情、出实招，积极投身脱贫攻坚主战场，不仅带动了农村产业快速发展，农民增收致富奔康，还实现了企业转型升级增效。

报送单位：中共广安市委统战部、广安市工商业联合会
执笔人：蒲爱军、汪玲

"邮"入万家　"绿"满村

助农增收，是打赢脱贫攻坚战的重要环节。近年来，由中国邮政集团广安市分公司（以下简称广安市邮政分公司）具体承办的以"广安e站"为主打的村便民综合服务站（邮政村邮站）平台在广安市广安区率先推出。"广安e站"的出现，既便民，又惠民，为广安区的村头乡尾增添了一道风景线。

一、背景

广安区下辖31个乡镇、5个街道办事处、573个行政村和社区，面积为1 028平方千米，总人口90万人。2014年，广安市被确定为四川省首批电子商务进农村项目综合示范区后，广安市广安区率先尝试，围绕"工业品下乡，农产品进城"主题，利用广安市邮政分公司网点多、体系全、经验丰富等优势，确定广安市邮政分公司为广安区电商进农村平台建设企业，开展了以"广安e站"为主打的村便民综合服务站（邮政村邮站）平台建设。

以前，乡村的居民买东西、卖东西一定要去镇上"赶场"，买家电、买衣物、存钱、取款、充话费……琐碎而繁杂，往往一个来回就是一天，对村上的老人、残疾人来说，更是不便。此外，若龙安、白市的柚子，郑山的土鸡蛋等，"赶场"卖不完，村民只能让这些好东西烂在地里做农家肥，心痛又可惜。"广安e站"的出现，有效地解决了这个问题，还为"助农增收、脱贫攻坚"贡献了一份邮政力量。

二、做法

邮政企业作为服务领域的重要力量，以"广安e站"为主打的村便民综合服务站（邮政村邮站），充分发挥了基层邮政局所的"货摊子"和寄递运输的"车轮子"作用，较好地解决了村民生活中"买难、卖难和送难"问题，实现了电子商务与便民服务的有机结合。

广安市广安区指导广安市邮政分公司着力基础设施建设，整合乡镇邮政局所、村邮站、村级便民店等资源，搭载邮乐网、淘宝等开放式电商网络，开放水电、通信费代缴等便民服务功能，基本形成了"邮政+互联网+农产品+商业零售+代理服务等"的综合运营模式，实现了电子商务与农村实体经济有机融合，与村民生产生活高度契合，在支撑和推进农村经济社会转型发展等方面，取得了较好成效。

1. 大力推进平台建设

广安市邮政分公司根据广安区政府的总体部署，结合集团公司"一体两翼"战略，尝试以市场需求为导向，以邮政窗口资源、寄递运输专线网络为基础，以"广安 e 站"为主体，打造适应电子商务发展与村民生产生活，融线上线下为一体的便民综合服务平台。

一是设点。广安市邮政分公司精选群策村、勇敢村、白阳村等十余个村为试点，率先推进"广安 e 站"网点建设，为它们的发展提供硬件和技术支持。二是组网。广安市邮政分公司在广安市公司营业大厅建成 1 个区级电商体验中心，在枣山园区修建 1 000 平方米的仓储中心，精选悦来镇、龙台镇等 4 个乡镇设置片区电商服务中心，选择 91 个村级服务站点建成"广安 e 站"，基本形成了从城区到乡镇到村的农村电商仓储、配送、营销网络。三是布线。广安市邮政分公司合理规划邮政投递线路，优化邮路段道 13 个，使广安区全区邮政寄递服务覆盖无盲点，进一步提升了邮运投递网络运行速度和质量，为"广安 e 站"的运营打下良好基础。四是强体。广安市邮政分公司分层次对村干部、村级服务站站长、农特产品经营者、返乡青年及广大村民进行电商知识及邮政代理业务等相关培训 100 余场，受培训人员为 1 万余人次，保证了平台的软件支撑。通过设点、组网、布线及强体，"邮政+电商"的电子商务进农村的服务平台和网络基本形成。

2. 融合多项便民服务

在构建好平台的基础上，"广安 e 站"充分利用"互联网+"，依托"邮乐网"平台，基于"邮掌柜"系统，对接知名电商平台，如淘宝、京东等，把各种便民服务与农村电子商务进行有效整合，使之成为集线上线下于一体的开放式农村电子商务服务体系，减少了重复建设，集约了资源，降低了经营风险，较好地实现了为村民提供便利生活消费，帮助村民提升生活质量和创业增收的目标。

目前，"广安 e 站"主要开展了票务代售、账户转付和小额现金支取等金融助农服务，农资零售、配送、日用品销售和农村常规药品配送等销售服务，增加了便民缴费、网络代购、商品进销存、会员管理等辅助功能，为村民提供了多元化生活服务。据广安市邮政分公司统计，仅2016年，广安区全区通过邮政网络系统实现代收费4.07万笔、共666.12万元，实现代购12 343笔，共54.84万元；全区各点布放商易通87个，交易7 596笔、共255.75万元。"广安e站"的综合便民服务功能为村民购物、生活、寄递、金融、创业等"不出村"提供了可能，不仅得到了村民的认可，还吸引了部分打工村民返乡创业。"广安e站"新增就业岗位1 500余个，带动广安区广大农民脱贫致富，实现广大农民的创业梦、致富梦，从而推动农村经济增长，从而解决留守儿童、空巢老人等农村的民生问题。

在此基础上，广安市邮政分公司还在已建成的"广安e站"中设立邮件自提点91个，叠加包裹收寄业务站点91个，进一步优化了广安区乡村的邮政普遍服务。2016年，广安区各村村民通过邮件自提点共自提邮件38 698件，自提报刊74 321份，收寄包裹12 903件。"广安e站"得到了村民的广泛好评。

3. 推进"工业品下乡，农产品进城"

"广安e站"经营者几乎是本村村民。通过"广安e站"，村民可以实现自主选择，得到贴心导购，不用出村就能在网上购买最新商品，享受与城市同等的服务和优质商品。2016年，广安市广安区实现工业品下乡交易额12 361.44万元，其中线上交易9 182.94万元，线下交易3 178.5万元，线上交易率达到74.29%，接转邮件8.39万件，为工业品下乡提供了有力保障。

"广安e站"还积极推动广安产品"走出去"，为本地农产品提供信息发布平台、寻找买家、促进交易的双向达成。通过"广安e站"的链接，农民种植的水果、特色农副产品等，均能进入相关电商平台进行全国性销售，不仅实现"购物不出村"，也实现了"销售不出村"，带动了"农产品进城"，在解决农产品销售难的同时提升了农产品销售利润，起到了为村民扶贫增收的效果。仅2016年"双11"期间，广安区龙安乡勇敢村、群策村两个村邮站就外销"龙安柚"1万余件，实现扶贫增收70余万元；郑山乡通过"邮乐网"平台销售郑山土鸡蛋2 600件，实现扶贫增收15.6万元，销售郑山土鸡1 100只，实现扶贫增收14.2万元。

三、启示

其一，小电商平台发挥大作用，综合性功能便民又增收。"广安e站"的建设，整合了现有农村商务和公共服务资源，重点在村一级打造以村邮站为依托，集合邮政普遍服务、商业零售、网购网销、代购代销、助农金融服务、水电气及通信服务费代收等于一体的村级综合服务平台，成为村级综合便民服务站。一站化、信息化、综合化的服务，方便了村民，也为经营者带来了良好的收益。村级综合便民服务站建得起、运转灵、有效益、能生存，初步在广安区实现了李克强总理提出的"要通过电子商务平台，让来自农村和城市的人都能享受到消费的权利和平等的就业创业机会"，也实现了"五不出村"，即购物不出村、销售不出村、生活不出村、金融不出村、创业不出村。

其二，"邮政+电商+现代农业"的发展模式大有可为。通过"广安e站"系列平台的建设，广安区也加强了电商品牌的培育，并全力推广，不断拓展和提高"广安造"的影响力和美誉度，真正让"广安造"走出广安。广安市广安区通过积极引导广大农民发展农村特色产品，促进农村种植养殖业的发展，促进农村人口回流，提高农产品质量，支持村民通过"邮政+电商+现代农业"的发展模式脱贫致富，取得了不错的成效。高效率、广覆盖的农村物流配送体系，解决了"工业品下乡，农产品进城"和"最后一公里"的问题。"广安e站"的平台作用，让村民"买得进"，也"卖得出"。农产品不再荒废在田间地头，而是变成了实实在在的收益，改善了大家的生活。"邮政+电商+现代农业"的发展模式，让村民们生活更便捷、收入更丰厚，也让城市里的人们可以及时吃到土特产，为广安区的经济社会发展做出了贡献。

报送单位：广安市邮政管理局
执笔人：吴玙欧、汪玲

华蓥市创新探索"N+集体经济"模式

华蓥市地处秦巴山区,是四川革命老区,辖区内多为丘陵地形,农田面积小、人均耕地少,是典型的农业小市。面对大多行政村所面临的无资金、无资产、无资源的"空壳村"困境,华蓥市抢抓脱贫攻坚和农村改革发展的历史机遇,创新探索"N+集体经济"模式,持续发展壮大村集体经济,推动"输血扶贫"向"造血脱贫"转变。

一、背景

华蓥市面积为470平方千米,辖13个乡镇(街道),耕地面积仅14 000公顷,加之境内地质灾害区、采煤沉陷区、渠江洪灾淹没区、石漠化区四区叠加,贫困程度较深。2011年,华蓥市被纳入全省秦巴山区连片扶贫开发县。2014年年初,全市共有建档立卡贫困户6 509户、17 417人,华蓥市的贫困发生率为6.9%,华蓥市的贫困村有25个,且76%以上的行政村都是无资金、无资产、无资源的"空壳村"。

围绕"消除空壳村、建强薄弱村"目标,华蓥市以脱贫增收为核心,运用市场化法则和理念,推进"三变"(资源变资产、资金变股金、农民变股东)改革,带动村集体和千家万户小农业进入千变万化大市场,促进村集体经济持续发展。

2016年,华蓥市圆满完成5 428名贫困人口脱贫、6个贫困村退出的年度脱贫任务,将贫困发生率降至1.45%。全市106个行政村均有集体经济,25个贫困村集体经济人均年收入大幅超过省定脱贫标准。

二、做法

1. 公司化运作+集体经济

"种了几十年的庄稼,没想到加入公司后,按照他们的要求换了个种法,这同一块田里种出的蔬菜,产量高了,价钱上去了,收入翻了好几倍。我算是正儿八经地见识到了科学种田给农业生产带来的变化。"华蓥市明月镇竹河村菜农代君于如是说。

华蓥市明月镇竹河村第一书记在辣椒产业基地指导村民抓好优质辣椒管理

明月镇竹河村位于渠江岸边,土地肥沃,但因地处洪灾淹没区,汛期基本上是"十年九淹"。长期以来,村民们一直种植生长周期比较短的蔬菜,蔬菜的品质不高,菜农们的收益也很低。在对口联系的四川省质监局帮助下,竹河村成立了村级集体经济公司,指导菜农们实施标准化生产,并统一进行销售,在增加村集体经济经营性收入的同时,更降低了菜农们的生产成本、提高了蔬菜的品质,还解决了菜农们销售难的后顾之忧,最大限度地降低了菜农们发展种植业的市场风险,实现了稳定增收。

按照公司化架构,华蓥市率先在25个贫困村规范化成立村集体经济发展有限公司。村民共同对村内荒山荒坡、山坪塘、闲置村等集体资源、资产进行清理核实,确定权属,并将集体资源、资产交由村集体经济发展有限公司统一管理,成功实现了村集体资源效益最大化。

"原来车主们到处抢货源,甚至有时还发生堵住企业大门的情况,企业的正常生产受到极大干扰,一年到头还赚不到啥钱。不过,自从加入合作社之后,都不用车主去找货源了,我们只管做好运货的任务,一个月的收入还比原

经济建设类 | 23

来多了几千元。"说起加入合作社之后的变化，天池镇伍家坳村跑了多年运输工作的车主秦顺勇如是说。

天池镇伍家坳村矿山资源丰富，境内有10多家工矿企业。辖区企业众多，运输需求量大，村里运输服务业蓬勃兴起，早跑运输的部分村民过上了富裕的生活。村民们眼见跑运输能赚钱，有条件的人纷纷购车加入运输大军。随着货运车辆的日益增多，部分货运车主开始疯抢货源。

在有关部门的支持下，伍家坳村"两委"经过多方调研，成立了运输车辆专业合作社。在各级干部的动员下，村里的大部分车主加入了合作社。按照约定，所有车辆采取合作社统一管理和自主经营相结合的方式，由合作社与企业联系货源，负责商谈价格等事宜，车主服从统一安排。在合作社的努力下，货运市场混乱的局面很快发生了改变。现在，村里每天物流量已达4 000余吨，合作社年收入租金及合作社服务费在40万元以上。

2. 国有农投公司+集体经济

华蓥市君兰天下生态文化园负责人邓强，在谈到该市农投公司为其发放贷款情况时说道："农投公司发放的这笔贷款，对于我们生态文化园来说简直就是一场及时雨。"

君兰天下生态文化园是华蓥市生态农业与乡村休闲旅游重点招商引资企业，园区以"兰花"为品牌，现已成为华蓥市集农业产业、旅游休闲、餐饮住宿、文化休闲娱乐于一体的综合型生态园。但在开园之前，该公司因前期投入资金量大，一时资金周转不过来而陷入难题。华蓥市国有农投公司了解到这一信息后，及时与其对接，快速为其发放了贷款。君兰天下生态文化园利用这笔资金增添了开园必需的设施设备，顺利实现开业。目前，君兰天下生态文化园每天接待各地游客上千人，已成为华蓥市重要的生态农业与乡村休闲旅游基地。

那么，农投公司的这笔钱是哪里来的呢？原来，2016年，四川省财政厅下发给华蓥市500万元资产收益扶贫试点资金，该市按照"股权量化、按股分红、收益保底"原则，借助国有农投公司联系农业企业广泛、资本运作经验丰富这一优势，创新"国有农投公司+集体经济"的资产收益扶贫试点资金使用模式，有效规避了资本运行风险，提高了资本运作效益。

根据贫困人口数量等因素，华蓥市将500万元资产收益扶贫试点资金量化分配给25个贫困村，以贫困村为主体注入国有农投公司，再由农投公司将资金入股市场前景好、经营效益好的农业龙头企业或新型农业经营主体（资本运作风险由农投公司全权承担），农投公司按7%的年收益率向贫困村支付收益。华蓥市25个贫困村每年可实现财产性增收共计35万元以上。

3. 涉农项目资金+集体经济

"两年之前，我们这里还是一大片大片的荒坡和撂荒地。可现在，每天都有好几千人来我们这里赏花游玩。莫说别人，有时候连自己都不相信。"说起村里的变化，华蓥市禄市镇六水沟村党支部书记石栋全发出了感慨。

六水沟村利用现代农业产业发展、高标准农田建设等项目，对荒坡和撂荒地进行改造整理，按照"把农业产业基地打造成为乡村旅游景区，把新村建设成为乡村旅游景点，把特色农产品开发成旅游商品"的思路，引进重庆一枝花生态农业发展有限公司打造乡村旅游景点——"百万玫瑰·梦幻花海"生态旅游园。昔日的荒山坡变成了景区、田园变成了公园，山间田野里硬是"种出"了一片好风景。

此外，六水沟村将部分村集体土地改建为生态停车场。目前，村集体每年仅停车场收入就超过2万元。

当前，农业、水利、粮食等部门都有涉农项目投入，但相对分散。华蓥市下决心打捆整合涉农项目、资金，通过土地整理、配套基础设施、建设产业基地等措施，不断改善农业生产环境、建强村集体经济的产业支撑。按照资金项目"渠道不乱、用途不变、统筹安排、捆绑使用、各负其责、各尽其用"原则和涉农资金整合试点县特殊政策，华蓥市大力整合农发水保、高标准农田建设等项目，对零散土地、撂荒地等实施改土调型，并同步配套沟池路渠等农田水利设施，使小田变大田、瘦田变良田，既实现闲置零散土地的保值增值，又新增了村集体土地。2015年以来，华蓥市共完成改土调型约233公顷，新增村集体土地30公顷。

长势良好的油樟林一角

经济建设类 | 25

华蓥市溪口镇平桥村第一书记张华介绍说:"我们通过整合低效林改造、基本农田整治等项目,连片发展油樟基地80余公顷;对于政府在基础设施方面的投入,按比例进行折资入股,这成为村集体经济的又一大来源。"

2016年,华蓥市统筹整合项目资金3000余万元,投向平桥村、黄桷村、石堰墙村等6个贫困村,建设花卉、银杏、青翠李、油樟等特色产业基地约381公顷,按照20%的比例折资入股农业龙头企业。产业基地见效后,各村集体经济仅股份年度分红就在3万元以上。

4. "复三七"模式+集体经济

由于人均耕地面积少、外出务工效益好,华蓥市每年有近10万人外出务工,占总人口的28%,在家从事农业生产的群众普遍为"3899"群体(指妇女和老人),土地撂荒问题严重。虽然,华蓥市近年来通过引进业主规模流转土地发展葡萄、蜜梨、花卉、油樟等特色产业,有效解决了土地撂荒问题,但部分沿江、沿山镇村自然条件和基础条件较差、土地租金较低,加之部分群众思想保守、土地情结深等原因,存在村民宁可土地撂荒闲置也不愿流转的现象。

明月镇连片发展桃李产业,打造沿江桃花岛

地处渠江岸边的竹河村、白鹤咀村、明月村和三合团村是明月镇的四个连片沿江贫困村。2015年以来,该镇因地制宜,积极引导撂荒地交由村集体发展连片桃李产业。因不流转土地、不打破原有界限,村集体统一对撂荒地进行打造,村民以土地入股专业合作社,取得收益后再进行收益分成,充分调动了村民的积极性。

在收益分配中,该镇建立了"复三七"利益联结机制,即土地承包者占三成、村集体占七成。在村集体获得的七成收益里，村民先提取分配三成，余下七成用于发展壮大村集体经济。这既顺应了群众诉求，又成功破解了利益分配难题，实现村集体、贫困户、土地提供者三方共赢。

"预计明年我们村的桃树、李树进入丰产期之后，可以为村集体带来6万至8万元的集体收入。"华蓥市明月镇白鹤咀村党支部书记卢世琳介绍说。

目前，该镇的四个连片贫困村已有280余户农户将土地交给村专业合作社，发展桃李产业约80公顷。预计2018年进入挂果期以后，四个沿江贫困村年均集体经济预计至少增收5万元。

三、启示

其一，成立村集体经济公司，市场化运营出效益。发展壮大村集体经济，市场化经营是必由之路、公司化运作是必然选择。只有规范化成立村集体经济公司，将村集体资源予以整合并进行规模化经营，才能有效降低市场风险，最大限度发挥资产资源效益。

其二，借势借力平台公司，专业的事交给专业人做。思路一变天地宽。资本运营的专业性强、风险高，与村集体自行摸索试验相比，将村集体资本交由国有农投公司运作，既能保证本金安全，又能带动村集体稳定增收，促进涉农企业（业主）发展壮大。

其三，政府项目资金投入量化入股，壮大村集体资产。自然条件较差、基础设施落后的贫困村，必须依靠政府大投入，才能实现村集体经济大发展。政府项目资金只有通过明确权属或者量化股权等方式转化为村集体资产，才能避免产业发展、业主盈利，但村集体经济收益难以保证的现象。

其四，科学合理的利益联结机制是持续壮大集体经济的制度保障。发展村集体经济，利益如何分配是个躲不开、绕不过的命题。政府必须因地制宜，积极探索建立多方共赢的利益联结机制，将集体、农户、贫困户、业主捆绑在一起，才能充分调动各方参与积极性，实现互利发展、共担共赢。

报送单位：中共华蓥市委农村工作委员会
执笔人：李怀朋、汪玲

川东煤都华丽转型电子新城

四川电子信息产业版图正在发生裂变。除成都、绵阳等地，偏居川东、毗邻重庆的华蓥市正逐步占据一席之地，成为四川省电子信息产业四大重点布局区之一。2016年，华蓥市电子信息产业实现产值133.9亿元，同比增长43.9%，其产值、税收收入超过煤炭、水泥产业总和，成为名副其实的工业脊梁、转型支柱。

一、背景

华蓥市位于四川省东部、华蓥山中段西麓，隶属邓小平同志故乡——广安市，紧邻重庆市，因华蓥山而得名。作为典型的资源型工业城市，华蓥煤炭工业发展先后经历了20世纪五六十年代初始期、20世纪七八十年代大会战期、20世纪90年代鼎盛期、21世纪初衰竭期、枯竭期五个时期。2007年，全市煤矿由最多的102个减少到31个，煤炭年开采能力从最多的600余万吨减少到400万吨，煤矿从业人员从最多的3万余人减少到1.1万人。长期粗放式开采带来了产业结构失衡、社会负担加重、生态环境破坏等问题，加快转型发展成为全市人民的迫切愿望。2009年3月，国务院确定华蓥市为第二批资源枯竭城市，华蓥市步入以转型发展为主题的新阶段。

二、做法

1. 把准战略定位

"实现华蓥转型跨越，最基础、最重要的是工业转型跨越；实现工业转型跨越，关键在于集中力量打造最具核心竞争力的电子信息主导产业。"华蓥市委主要领导如是说。

面对资源、市场和环境的多重压力，华蓥市坚持"先手布局、差异发展"，果断将工业主攻方向从煤炭、水泥等传统资源产业调整为国家战略新兴

华蓥市城区一角

产业——电子信息产业，响亮提出"经略产业发展高地，打造华蓥数字硅谷"的战略定位，确立了打造电子信息总部基地、生产基地、外贸出口基地、研发中心、采购中心的发展方向，为承接产业转移、实现转型跨越找到了战略支点。

2009年，广东领创集团千里追寻红岩英烈革命足迹，被华蓥优越的投资环境吸引，一纸6 000万元的合约，占地1.33公顷的华蓥山领创电子一期工程启动，华蓥市军工企业外迁之后第一家电子产业落户华蓥，自此拉开了华蓥调整产业结构的序幕。

华蓥山领创电子有限公司员工作业

2. 建优产业平台

华蓥市致力先筑巢、再引凤,为大规模承接电子信息产业转移奠定平台基础。

扶小育大建孵化园。按照"民间资本建设、政府统一承租(回购)"的方式,华蓥市建成10万平方米中小企业孵化园,确保了转移企业一旦进入华蓥,即可以最低成本、最快速度进园孵化生产。

产学研融合建综合体。华蓥市加快启动建设以产业孵化、高端研发、职教实训为主要功能,集电子检验检测、物流配送服务、员工生活配套、工业旅游体验为一体,总投资50亿元、占地约26.67万平方米、体量70万平方米的产学研综合体。

产城一体建配套区。华蓥市在工业新城建成6万平方米综合配套服务区,集中布局金融通信、商贸物流、餐饮住宿、休闲娱乐等生产生活配套项目26个,为电子信息产业提供了最完备、最优质的全链配套服务。

华蓥市中小企业孵化中心

3. 创新制定政策

华蓥市坚持把政策创新作为关键之招,致力打造电子信息产业集聚发展的政策高地。

量身定制扶持政策。华蓥市设立5 000万元产业发展专项资金,制定出台八大精准扶持政策,涵盖企业科技创新、技改投入、集约用地、劳动用工、金融支持等生产经营重点环节,全力支持转移企业建基地、搞研发、创品牌、拓市场。

破解企业物流困扰。华蓥市出台双向物流补贴办法，鼓励电子信息企业与第三方物流企业建立利益链接机制，引导电子信息企业整体剥离物流业务，切实降低企业原料、市场"两头在外"的高物流成本。

创新破解资金难题。面对电子信息外向型企业出口退税周期长、占用生产流动资金大的现实困难，华蓥市创新实施"出口—国企资金垫付—退税—还款"出口押汇服务机制；对金融机构支持电子信息企业的信贷，放大5倍予以考核奖励、调存财政资金；积极争取全省信息安全和集成电路主权基金、战略性新兴产业基金、"园保贷"等基金扶持壮大企业；鼓励企业上市融资，帮助领创电子、华金润等企业进入上市培育期。

4. 全链招引企业

近年来，华蓥市把投资促进工作作为产业转型的生命线，组建3个驻外投促分局，将驻外力量增加至15名，招商区域从珠三角、长三角地区向港澳台地区延伸，致力打造电子信息产业跨梯度转移的集结洼地。

按照"延链引进、集群发展"理念，华蓥市先后成功引进投资30亿元的希施凯电子、投资5亿元的信利来平板电脑等重大整机研发制造项目入驻。现电子信息企业达到65户，实现年产值133.9亿元。电子信息产业总部基地初具规模，总部经济成为全市重要的经济增长极和税收增长极。

三、启示

其一，准确的产业定位，是助推转型跨越的有效路径。资源型城市因资源而兴，亦因资源而衰，但资源不可再生，转型发展必须基于非资源产业才是出路。华蓥市在煤炭资源日趋枯竭的背景下，前瞻性瞄准战略性新兴产业，深刻认识到电子信息产业具有资源消耗少、附加值高、就业充分、财税贡献大、环保压力小、用地集约节约等优势，且这些契合华蓥资源枯竭、转型发展的现实需求，果断将主攻方向调整为电子信息产业，实现从无到有、从小到大发展，成为川东北乃至四川发展电子信息产业的一面旗帜。

其二，坚毅的转型决心，是助推转型跨越的必要前提。2009年第一家电子企业入驻以来，在转型发展的征程上，华蓥市委市政府坚定"砸锅卖铁也要转型"信念，一届接着一届干，将一张蓝图绘到底。全市上下始终保持"逢山开路、遇水架桥、日夜兼程"的必胜决心，在荆棘密布的前进道路上从未退缩，最终取得了"三次创业"的成功，实现了"黑色煤都"变"电子新城"的奇迹。

其三，优质的政策服务，是助推转型跨越的坚强保障。为扶持电子信息产业快速健康发展，华蓥市大胆解放思想、创新思路，探索建立了涵盖平台建设、技术研发、财政引导、金融支持、用地用工、政务服务等方面的一整套精准扶持政策体系。同时，每个入驻企业实行1名市级领导、1个牵头部门、1名工作人员的保姆式服务，企业与政府打交道零成本，入驻企业最短两个月即可实现生产，亲商、爱商的投资环境和舒心、安心的发展环境全面形成，华蓥服务成为最诚信、最响亮的招商名片。

报送单位：华蓥市发展和改革局
执笔人：尹剑波、汪玲

川渝合作示范区（广安片区）建设的"五新实践"

2011年以来，广安市委市政府按照"立足四川、面向重庆"的发展思路，不断深化川渝合作示范区（广安片区）建设，率先与重庆市开展全方位、宽领域、高层次的合作，逐步在规划、交通、产业、生态、公共服务等方面与重庆实现一体化，成功打造川渝合作桥头堡，为成渝经济区一体化发展、川渝共建成渝城市群工作提供经验。

一、背景

广安是中国改革开放和现代化建设总设计师邓小平的故乡，位于四川省东部，毗邻重庆，处于重庆一小时经济圈范围内。2008年，广安市委市政府明确提出了"立足四川、面向重庆，全方位、宽领域融入'重庆一小时经济圈'，努力把广安建设成为重庆的工业配套基地、农副产品供应基地、旅游休闲消费基地"的战略构想，对重庆实施充分的开放合作。同时，"融入重庆一小时经济圈"战略构想得到了四川省委省政府主要领导的充分肯定，也得到了重庆市的高度重视与支持。

2009年，广安市委市政府敏锐把握国家建设成渝经济区这一重大机遇，正式提出了"打造川渝合作示范区"的战略构想。2010年2月，国家成渝经济区区域规划调研组莅临广安开展调研。2010年7月，广安市委市政府托邓榕同志向中共中央政治局常委李克强同志转呈了广安建设"川渝合作示范区"的工作汇报，李克强同志高度重视并批示"请发改委积极支持"。2011年4月国务院正式批复的《成渝经济区区域规划》明确在川渝毗邻的潼南、广安建设川渝合作示范区，并把广安纳入重庆城市群。2012年11月14日，国家发展改革委正式批复《川渝合作示范区（广安片区）建设》实施总体方案。

二、做法

1. 加强沟通，建立合作交流新机制

广安市不断创新完善交流协作机制，主动加强与重庆的配套对接，逐渐形成一套较为成熟的合作机制，促进两地交流合作不断深化。2010年起，渝广两市建立高层会商制度，每年召开一次渝广经贸合作联席会议，实现考察互访、情况互通；协同参与川渝共建成渝城市群工作，将广安示范区建设作为川渝合作重要内容纳入了川渝两省市高层联席会议研究推进，着力研究解决广安示范区建设中的重大问题和困难；推动园区合作共建，签订《重庆市经济和信息化委员会四川省经济和信息化委员会四川省广安市人民政府合作共建产业园区协议》，探索建立跨省级行政区划的园区共建利益共享机制；开展跨境重大基础设施项目协同管理试点工作，如重庆市委托广安市负责广安市过境高速东环线及渝广高速支线重庆境内段工程前期招商及施工等工作，探索建立基础设施共建共享新模式。

2. 夯实基础，建立畅连互通新路径

广安市加速推动基础设施建设，广安铁路、公路、水路等对外通道建设均纳入《重庆市与四川省毗邻地区综合交通规划》，构建了渝广多层次立体交通体系：兰渝铁路主线、支线实现客货投运，开通广安至成都动车、至重庆快车；巴广渝高速广安段、遂广高速成功通行，广安市过境高速东环线及渝广高速支线加快建设，S203、S304升级为G244、G350；连接长江黄金口岸的广安港成功运行，利泽航运枢纽工程有序推进。截至"十二五"末，渝广之间已形成包括3条高速、5条国省干道、2条铁路、1条水路在内的多方联运的交通网络体系，广安已成为联通重庆辐射川东渝北的重要交通、物流枢纽。

3. 合力共建，建立产业融合新模式

瞄准重庆优势产业和广袤市场，广安市着力打造重庆的工业协作配套基地、农产品加工供应基地和休闲旅游度假基地。广安市设立了广安国家级经济技术开发区，在6个区市县建立产业合作园区，积极承接产业转移。重庆每年产业转移项目资金占广安引资总额的40%以上。广安市加快建设面向重庆市场的优质农产品供应基地、农产品加工基地和农产品物流中心。广安每年销往重庆农产品占全市农产品外销总额的75%。广安市加入渝西旅游联盟，共建"泛环渝旅游合作示范带"，联合推出"红岩连线—华蓥山—邓小平故里"等精品旅游线路，年接待重庆游客300万人次以上。

4. 服务共享，建立统一市场新格局

渝广两地大力拓展合作领域，全面开展市场管理、教育医疗、社会保障、边界禁毒等公共服务对接。渝广两地建立企业异地投资工商登记注册绿色通道、打假治劣信息共享机制；推出《渝广两地就业服务合作方案》和渝广劳务培训合作，让3 000名劳动者和高技能人才实现异地就业；开展交流学习，互派参训、挂职科级以上干部501人。渝广两地签署《渝广两地离退休人员领取养老金资格认证合作协议》，推动社保信息资源共享，实现渝广两地医保即时联网结算、疫情信息共享；扎实推进教育改革共建，与重庆交通大学、解放军后勤工程学院签订合作办学协议；探索建立省际边界地区联排联调、联防联治、联谊联创机制，实现警务信息资源共享，联合开展案件侦破行动，成功破获重大刑事案件十余件。

5. 山水共保，建立生态防护新屏障

广安市立足生态功能示范定位，主动加强与重庆生态环保协作，在生态建设和环境保护领域取得明显成果：累计实施"洁净水"项目238个，完成投资22.65亿元；签订实施共同加强流域水污染防治及应对突发环境事件框架协议。嘉陵江、渠江、大洪河、御临河出川断面水质长期稳定达标，有效保障了下游重庆的饮水用水安全。渝广两地建立了区域大气污染联防联控工作机制。川渝合作大气污染联防联控示范项目——$PM_{2.5}$空气自动站建成投入运行，实现重点企业排污情况实时监控全覆盖。邻水县与重庆渝北区、长寿区、垫江县共同发起共建长江上游生态屏障倡议，武胜县与重庆合川区、北碚区共建嘉陵江生态经济带，构筑坚固的长江上游生态屏障，为重庆经济发展创造了良好的生态空间。

三、启示

其一，坚强的组织领导是推动示范区建设的强力保证。广安示范区建设启动以来，川渝两地主要领导、广安市委市政府高度重视，重庆市政府将广安示范区建设工作纳入全市区域合作交流重点工作范围统筹实施，每年印发渝广年度合作计划。广安市成立由市委书记亲自挂帅的示范区建设工作领导小组，在全省率先单独设立区域合作办公室，确保了示范区建设工作的稳步推进。

其二，科学的规划是引领示范区建设的行动指南。渝广两地共同编制《渝广合作"十三五"规划》《川渝合作示范区广安发展规划课题研究》，初步实现了渝广在基础设施、产业布局、城镇体系、生态环境等领域的规划对接。重庆市将广安作为其第七个区域性中心城市，统筹纳入重庆城市群规划，支持广安发展带状城市,增强与重庆两江新区的对接。

  其三,资源的高效配置是激发市场活力的源泉。渝广两地充分发挥市场在资源配置中的决定性作用,推动两地工商、质监、食药监等部门信息共享、执法互助,推动重庆金融机构、创新型金融组织到广安设立分支机构,推动广安金融机构和企业依托重庆联交所、股权交易中心、金交所等开展要素合作,推进广安无水港、移动货站、分拨点建设,加强口岸平台合作,通过构建一体化的市场体系,充分调动和激发市场活力。渝广两地人才、资本、技术、信息等要素资源正加速流动、高效配置,真正形成了"政府搭台、资本唱戏、社会参与"的经济社会深度融合原动力。

  报送单位:广安市区域合作办公室
  执笔人:王懿、汪玲

广安（深圳）产业园：
广安开放合作样本

2016年9月28日，广安市人民政府和深圳市人民政府在深圳签署《合作共建广安（深圳）产业园协议》，规划面积15平方千米，选址位于广安经济技术开发区和广安区官盛新区内。2016年10月28日，广安（深圳）产业园（以下简称产业园）开发主体——四川深广合作产业投资开发有限公司注册成立。产业园立足环境承载能力和现实基础条件，科学规划，确立了高端装备制造、智能电子、装配式建筑三大主导产业，以及保税物流、健康医疗、旅游服务三大潜力产业。目前，比亚迪"云轨"生产制造基地及示范线建设项目、"渠江·云谷"产业服务综合体项目已落地，总投资近60亿元。此外，华为集团云计算数据中心项目以及比亚迪上下游企业正洽商进驻产业园，产业聚群发展态势良好。产业园的成立来之不易，成绩可圈可点，正朝气蓬勃地向着建成广安新的经济增长极的目标大步前进，为东西部协同发展提供可复制、可推广的样板。

一、背景

2011年，广安市委市政府就着手谋划与深圳的合作，希望深圳为广安经济发展给予支援帮扶。2011年11月，广安市政府与深圳市政府签订了《广安（深圳）产业园区合作框架协议》，确定了双方在党政互访、产业合作、深圳对口支援广安建设等方面开展合作的思路。产业园建设的构想由此开始，由于双方政策差距较大，深圳企业在广安落地比较困难，合作工作推进异常艰难，但双方都在积极寻求突破。

2014年8月17日，深广合作第一次联席会议在广安召开。这次会议上，深圳市向广安经开区授予"广安（深圳）共建产业园区"牌子，确立常态化的会商制度，明确深圳市经信委和广安市区域合作办负责双方合作的牵头工作。在与深圳交流过程中，广安敏锐地了解到，深圳土地存量已经很少，土地供需矛盾严重制约了深圳产业发展的壮大，通过区域合作，拓展发展新空间，应当是未来深圳创新发展的路径选择。

2015年8月19日，深广合作第二次联席会议在深圳举行，广安首次提出采取公司化运作共建共享产业园的设想，得到了深圳党政主要领导的高度认可和支持。2015年9月28日，广东·四川深化合作交流座谈会暨深化合作框架协议签署仪式在广州举行，川粤两省高层明确指出，鼓励并支持两省市（州）、县（市、区）建立友好合作关系，推动川粤开展多层次、宽领域、全方位的合作。至此，产业园建设纳入川粤两省合作交流的大盘子，并有了清晰的思路。

二、做法

1. 组建合资公司，解决利益分享难题

产业园坚持政府引导、市场运作、权责一致、互利共赢的原则，由两地实力最强的国有企业（深圳特区建设发展集团、广安发展建设集团），联合组建国有合资公司，即四川深广合作产业投资开发有限公司，对产业园的建设、运营、管理实行市场化、公司化运作。广安方占股49%，深圳方占股51%。为充分调动双方的积极性，此次合作摒弃了之前支援帮扶思维指导下的"输血"式合作，实现了优势互补、共同发展。

2. 创新机制体制，全力以赴推动建设

产业园建设工作启动同时，广安与深圳两市建立了不定期召开联席会议制度，统筹协调和研究解决有关产业园建设发展的重大问题，并成立产业园合作共建协调小组，负责指导协调具体事项。两市都及时选派年富力强、经验丰富的干部充实到合资公司管理层，并向社会公开招聘了一批干劲足、懂业务的员工，迅速完成公司法人治理结构，树立"以梦为马、以汗为泉、不忘初心、不负韶华"的企业精神，秉持"深圳速度、深圳质量、深圳标准"，使建设工作迅速推开。坚持"有恒产者有恒心"的建设理念，两市给合资公司充分授权，形成了"园区规划、项目策划、产业招商"同步推进的工作机制，发挥合资公司灵活的企业运作能力，形成"企业灵敏捕捉+政府力量撬动"的招商引资模式，与深圳建立起"总部经济+生产基地"的前店后厂模式。两市借助合资公司的渠道，形成"公司平台+专业团队"资源互补的智力结构：在规划方面，与深规院、戴德梁行、北大纵横建立合作关系；在建筑设计方面，与深圳建筑总院、中国建筑上海设计院建立合作关系；在工程建设方面，与中建钢构建立合作关系；在园区运营方面，与北京均豪、合创新业建立合作关系；在资本动作方面，与深圳鲲鹏基金建立合作关系。

3. 引入先进理念，积极破解工作难题

合资公司深圳方面首期注资10亿元，广安方按比例应当注资9.607 8亿元，但是广安财力有限，一时难以拿出足够的资金。为了及时解决这一棘手问题，广安借鉴深圳经验，出台了以土地作价入股的办法，解决财政压力，盘活土地价值，保障了产业园建设正常推进。为尽快让合资公司入园开展工作，以及让有意向的项目快速落地，产业园仍然向深圳学习，采用"评定分离"的招标程序和模式，即评标委员会的评审意见仅作为招标人定标的参考，中标人由招标人按招标文件预先确定的定标程序和方法确定，使招标人权责更加统一、效率更高。由此实现了33天完成临时综合服务中心建设，82天完成比亚迪云轨龙头项目落地，12天促成比亚迪与四川铁投建立战略合作关系等。

三、启示

产业园是广安坚持实施开放合作战略的成果之一，许多具体问题尚需逐步解决，但一些共性的认识和经验值得学习借鉴。

其一，开放合作顺应历史潮流。当前，我国经济进入新常态，创新发展是摆在我们面前的必然选择，沿海发达地区需要内陆的土地、能源、人力等要素，以实现技术创新后的产业化。内陆欠发达地区需要引进高端产业，推动经济换档升级，奠定未来发展的基石。东西部地区实施开放合作符合市场经济规律，正当其时。

其二，开放合作讲究平等互惠。广安与周边地区在资源禀赋、政策条件、要素保障等方面的差距不大，吸引发达地区合作的能力并不突出。产业园的建设，告诉我们：开放合作一定要按市场规则办事，制定科学的利益分享机制；结成合理的利益共同体才是长远发展的根本所在，合作各方才会心往一处想，劲往一处使。

其三，开放合作需要锐意拼搏。产业园建设初见成效，不仅靠两地政府大力支持，也是合资公司这个团队善谋、敢闯、务实工作的结果。产业园既然是公司化运作，选好公司的管理层和执行层就非常重要，这是今后类似工作应当特别注重的地方。

报送单位：广安市区域合作办公室
执笔人：张旺、汪玲

电商物流与实体经济融合发展的"五四法则"

中国互联网络信息中心发布的数据显示:截至2017年6月,中国网民规模达7.51亿,占全球网民总数的1/5,互联网普及率为54.3%;手机网民规模达7.24亿,占中国网民的96.3%。2016年中国电子商务交易额为26.1万亿元,同比增长19.8%;全国网络零售额达5.16亿元,同比增长26.2%。2016年中国电子商务交易额约占全球电子商务零售交易额的39.2%,我国成为全球规模最大、热度最高的网络零售市场。

一、背景

随着"互联网+"发展战略的全面推进,电子商务更加注重线上线下融合,新零售方兴未艾。广安以创建省级电子商务示范市和省级现代物流试点示范市建设为抓手,依托良好的产业基础和优越的交通条件,积极探索电商物流与实体经济融合发展的新路径。2014年至2016年,全市电子商务交易额年均增长65.3%,网络零售额年均增长63.7%,快递业务量年均增长51.1%,快递业务收入年均增长48.2%。电商物流社会贡献率大大提升,释放出创业创新的巨大潜力,逐渐成为发展实体经济的助力器。

二、做法

1. 强化"四个引领",营造发展氛围

一是强化政策引领。2015年7月,广安市政府出台《广安市电子商务发展扶持办法(试行)》,从集聚发展、扩大规模、金融支持、人才支持等方面予以扶持。华蓥市、广安市经开区针对物流发展现状,给予辖区内物流企业专项物流补贴。广安市广安区引进远成物流,实施一事一议等政策,促进全市电商物流加快发展。二是强化规划引领。《广安市"十三五"电子商务发展规划（2016—2020）》《广安市"十三五"物流业发展规划（2016—2020）》已正式出台，明确了各阶段的指导思想、目标任务和工作重点，指导全市电商物流有目标、有步骤地顺利推进。三是强化项目引领。广安市先后引进前后科技、中国网库、京东、远成物流等电商物流知名企业入驻，以大项目、大企业引领带动全市电商物流做大做强。四是强化人才引领。依托广安职业技术学院等高中等院校，广安市分行业、分区域开展电商物流应用知识和技能培训，培养大批有实战能力的人才，加大电商物流高层次人才引进，缓解人才缺失压力。

2. 开展"四进活动"，推动全民触网

一是电子商务进企业。广安市引导企业"全企入网"，利用天虎云商等电商平台开拓市场、拓宽销售渠道。二是电子商务进市场。广安市引导旅游、商贸等市场经营主体和农村专合组织借助电子商务创新交易模式，培育智慧旅游、农特产品展示展销平台和专业产品电子商务批发市场等新型市场业态。三是电子商务进农村。岳池县、广安区、邻水县、武胜县先后纳入国家级、省级电子商务进农村综合示范县，前锋区、华蓥市纳入省级电子商务脱贫奔康示范县，电子商务进农村实现6区市县全覆盖。四是电子商务进社区。广安市支持社区、住宅小区建设e邮柜、日日顺等智能快递柜，邀请专业团队开发手机软件应用及微信公众服务平台，完善社区商业服务功能，打造"一刻钟便民商圈"。

3. 强化"四个协同"，促进共同发展

一是电商与物流协同发展。电子商务的发展离不开物流快递环节的配合，物流快递业的快速发展很大程度上得益于电子商务的火爆。广安在大力发展电子商务的同时也加快布点物流配送站点，基本实现"电商发展到哪儿，物流布点到哪儿"。二是电商与扶贫协同发展。广安实施电商精准扶贫，加快农村电子商务服务网点、村邮站、物流驿站建设，畅通工业品下乡和农产品进城双向流通渠道，让电商物流融入农村、服务农民，帮助农民脱贫致富。三是电商与金融协同发展。随着互联网金融的发展，商业银行推出了如工行"融e购"、农行"e农管家"等电商平台，为客户提供融资、支付等多元化金融服务的同时积累客户数据，为其贷款类业务做决策参考。四是虚拟与实体协同发展。实体企业通过打造电商平台或依托第三方平台开设网店，设立线下体验店，推进线上交易与线下体验、配送优势互补、共同发展。

4. 实施"四个一批"，激活电商要素

一是建设一批电商产业园。广安突出电商集聚发展思路，整合资源，打造特色明显、产业链清晰、服务体系完善的电子商务产业集聚区，建成并运营电商集聚区6个。二是打造一批电商试点村镇。广安结合乡镇特色优势，创新思路，打造各具特色的电商示范村镇，如：武胜县白坪飞龙利用美丽乡村，采取"互联网+农业+乡村旅游"模式，打造集体验农业、果品采摘和乡村旅游为一体的电商示范村；邻水县芭蕉村采取"互联网+精准扶贫"模式，打造电商扶贫示范村，帮助农民网销蒸笼、甑子等手工艺品，外销铜锣山生态特色农产品，日销售额2 000余元。三是优选一批网销产品。按照市场需求，广安抓好有机产品、绿色产品、无公害产品、地理标志性产品"三品一标"，建立地标性优质农产品溯源体系，推出一批高品质的网销产品。四是引进一批返乡创业群体。广安通过盘活闲置厂房等存量资源，建立返乡创业园区、孵化园，吸引更多的广安籍优秀青年和农民工返乡创业。

5. 强化"四种创新"，助推电商发展

一是组织机构创新。2015年，广安市委市政府将电子商务、现代物流业纳入全市重大产业，成立以市委、市人大、市政府分管领导为组长的现代物流业、电子商务发展工作组，开创了电商物流发展新局面。二是商业业态创新。在电子商务与实体经济整合下，网络租车、网上问诊、社区服务等生活服务类电子商务不断创新服务民生方式，电商与金融、旅游、康养等业态得到健康有序发展。三是流通方式创新。传统企业加大信息技术投入，探索"网购店取"模式，发展同城配送，大大降低交易成本并提升客户体验。四是电商模式创新。邮政、供销社、私营企业、村集体组织，采取"邮政+电子商务+便民服务""公司+农户""公司+中介""公司+网络""公司+超市"等运营模式，打造集网上购销产品、信息发布、充值缴费、小额现金存取、快递包裹存取于一体的农村电商服务站点。

三、启示

面对日新月异的网络应用和复杂多变的市场情况，广安市从以下方面入手，抓好电商物流与实体经济的融合发展。

其一，提升服务质量。我们必须转变服务观念，利用电子商务的交互性建立合作伙伴关系，提高导购的服务态度，注意商品的售后服务，同时强化实体经济基础设施，比如洗手间、喂婴区等，以增强消费者的满意度，提高实体经济的管理效率。企业只有同顾客在平等的基础上，建立和维持好互利互惠的合作伙伴关系，依靠硬产品、软服务来争取顾客、占领市场，才能进一步做大、做强。

其二，挖掘数据资源。电子商务是互联网信息时代的产物，网络带给我们最大的便利就是提供了消费者信息数据存储和分析的可能，使得客户资源可视化、形象化。我们在建立完善大数据平台的同时，更要深度挖掘本地产品的外销优势和吸引点、消费者构成、消费者分布及消费习惯，从商流、资金流、物流及信息流四个方面分析电商物流与实体经济的异同，分析本地消费者喜好，进而优化产品和服务资源，提高生产消费管理能力。

其三，畅通融合路径。我们必须利用互联网和电子商务物发展实体经济，这样才能取得更大的成效。我们必须考虑重构"人、货、市"价值的方向，落实线上线下一体化的具体实施。随着消费者的生活方式的改变，消费者需要更多的体验消费。传统零售业务是一个以经营效率为中心的商业模式，新零售是以用户体验为中心的商业模式。随着信息变得越来越透明，消费者的主权越来越重要，以用户体验为中心的新零售业更加重要，也更加适合未来发展。

其四，优化供应链管理。现代都市生活的高速度、快节奏对电子商务和实体经济的供应链管理服务提出了新要求，亟须打造一个诚信、公平、安全的电商环境。产品货源地追溯、货物信息全过程跟踪，快递送货上门服务到家，订单生产下企业去库存、降成本，对生产资料配送的时效性、连续性的高要求，促使企业不断提高供应链管理水平。广安仍需加强对成熟供应链管理公司的引进，通过学习借鉴、有偿服务等方式，优化生产资料供应、车间管理、商品配送服务等，将产业集聚优势转化为新形势下的市场竞争力。

报送单位：广安市商务局

执笔人：李华昌、杨艳、潘福兴

广安布衣农业:"三产融合"推进农业转型升级

习近平同志在党的十九大报告中指出要实施乡村振兴战略,农业发展是乡村振兴的关键,现代农业要坚持农业产业发展为基础,农产品加工为延伸,休闲观光农业等新业态为拓展,全面推进"三产融合",促进农业产业向纵深发展,实现农业农村现代化。广安市广安区农业产业发展大部分仍然依靠传统农业,形式相对单一,受市场影响较大,农产品附加值较低。因此,该区农业比较效益低下,亟须农业供给侧结构性改革,以促进农业健康发展。广安布衣农业有限公司在区委区政府及农业主管部门的支持和引导下,积极探索农业转型升级,通过完善运营机制,延伸产业链条,发展新产业新业态等方式,加快了一二三产业融合发展,丰富了产业发展链条,实现了由传统农业向现代农业的转型。

一、背景

2014年,在外创业的黄波决定返乡创业,同年3月在广安区彭家乡滑滩村成立了广安布衣农业有限公司(以下简称布衣公司)。该公司是一家集果蔬种植、禽类水产养殖、保鲜贮藏、预包装加工、冷链配送、农产品品牌营运等业务为一体的大型综合性现代化循环经济农业公司,是四川省第八批农业产业化经营重点龙头企业、广安市商贸流通龙头企业、广安市扶贫开发龙头企业。该公司占地面积为26.67公顷,建筑面积为5 000平方米,生产厂房面积为10 000平方米。从2014年3月至今,该公司的投资额度为4 000万元,现有员工128人。该公司注册资金为500万元,资产总值为2 851万元,固定资产为1 775万元。该公司的主要产品为蔬菜、鸡蛋、土鸡等。该公司年销售鸡蛋4 500吨、蔬菜3 500吨。该公司的农产品年销售额为5 800万元,资产负债率为21.59%。2016年,该公司的产值为6 600万元,利润为200万元,税收为

35万元。

布衣生态休闲观光农业园

二、做法

1. 完善运营机制促融合

布衣公司自成立以来，推行"公司+专合社+基地+农户"利益联合运营方式，通过产、供、销订单合同以及保底加市场价方式，在广安区彭家、兴平等乡镇整合了5家专业合作社。布衣公司为农户提供资金、物资及技术支持，对农户的农产品实行"保价包销"；认真摸索具有广安特色的脱贫攻坚模式——"专业管理+科技指导+订单收购+销售分红"和产业带动模式——"公司+专业合作社+农户+科技+销售"。企业与农户突破了单纯的买卖关系，成为目标一致、分工协作、优势互补、利益同享、风险共担的利益联合体。布衣公司积极探索"就地务工""项目合作""配股分红"等多种利益联结机制，重点提升产业辐射和拉动能力，增强村集体和贫困户造血机能；产业辐射、联结带动彭家、协兴、兴平、花桥等乡镇的800余户农户，其中贫困户600余户。2014年以来，布衣公司累计帮助农户增收500余万元。

2. 延伸产业链条促融合

布衣公司彻底告别传统农业"单打一"的被动局面，将业务范围扩展至果蔬种植、禽类水产养殖、保鲜贮藏、预包装加工生产、冷链配送、品牌营销等，形成了现代农业生产完整的产业链条。布衣公司现有专业合作社3个。布衣蔬菜种植合作社自有生产基地为20公顷、合作社基地为733公顷。布衣畜牧水产养殖专业合作社自有养殖基地一个，存栏量1 000万只；合作社存栏量共计200万只，平均每天产品牌蛋19吨。布衣农机专业合作社整合了广安现有众多果蔬生产基地，整合广安现有特色农副产品的包装、策划、推广等工作，建立了拥有自有品牌集种植、养殖、生产加工、销售、配送为一体的现代化生态农业公司。

布衣农业子公司养鸡场

3. 拓展休闲观光促融合

黄波说："随着社会经济的发展、生活水平的提高，人们的文化需求越来越强，休闲观光农业能够满足人们回归田园的需求，同时带动休闲观光、采摘、餐饮及住宿业的发展。"布衣生态休闲观光农业园占地14.2公顷，总投资1 000万元，年接待游客10 000人次；规划建设游客综合服务中心、水果景观基地、无公害蔬菜自助采摘基地、农耕文化体验园、田田乐亲子游乐园、私人定制菜园、散养土鸡园、未来农业展示馆、生态花园、农家庭院等10余个景点；集餐饮、娱乐为一体，保证农家原汁原味。布衣生态休闲观光农业园重点开展农耕文化、川东民俗传播及深度演绎还原；展示特种果蔬、花卉苗木和创意农业，向游客开展农业科普；举办捡鸡蛋、捏橡皮泥、画沙画等多种亲子活动。

布衣生态休闲观光农业园园区以"做一天农家活、吃一天农家饭、赏一天农家景、做一天农家人"为主题，进行整体设计，充分体现了人与自然和谐共存的理念。布衣生态休闲观光农业园通过合理布局，采取养殖区与观光娱乐区分离等措施，不仅丰富了植物景观群落，还增加了观光采摘的多样性和趣味性，吸引游客参与生产生活中。同时，布衣生态休闲观光农业园将新品种、新技术和旅游园区引入立体科学示范园。

布衣生态休闲观光农业园

三、启示

在农业转型发展过程中，我们推动农业的产业化经营，促进"接二（产）连三（产）"发展。发展休闲农业和乡村旅游一定不能脱离农业搞成单纯的旅游和娱乐，要长远发展就离不开第一产业和第二产业的支撑。

其一，第一产业是基础。农业位于产业链、功能链、价值链的起点，是融合发展的根本。我们应持之以恒发展现代农业，为融合发展奠定坚实基础。

其二，农产品加工是农业现代化的支撑力量，是国民经济的重要产业。它促进了农业生产率和效率的提高、农民就业的增加以及农村第二和第三产业的整合，提高了人民群众的生活质量和健康水平，对保持经济平稳较快发展具有非常重要的作用。

其三，休闲农业是拓展途径。我们应坚持"既立足农业又跳出农业"，顺应全域旅游发展大趋势，按照规模农业基地化、基地农业景观化、景观农业创意化的思路，进一步强化配套建设和要素完善，积极发展休闲农业和乡村旅游，引导农业从过去只卖产品向卖产品与卖风景、卖体验、卖休闲并重转变，特别要促进农业与文化、生态、旅游等要素的深入融合。

此外，还要加快培育新的业务主体，引进外部新型农业经营主体并发挥它们的领导示范作用，带动地方新型农业经营主体更好地实现质量提升和效益升级，进一步促进农业大规模经营，为农村第一、二、三产业的交叉融合创造条件。

报送单位：广安市广安区农业局

执笔人：杨军、潘福兴

白马村用柠檬铺就致富路

条件在改善、致富产业在壮大、精神风貌在提升……白马乡白马村自我发展的"造血"能力正越来越强。近年来，白马村的面貌在逐步改变。如今，白马村处处柠檬飘香，入户路便捷畅通，楼上楼下干净整洁，幸福的歌声从群众的心窝里放飞；一张张洋溢着幸福的笑脸绽放在小孩儿的脸上，绽放在老人们的脸上，绽放在劳作者的脸上；一串串笑声回荡在柠檬基地里，回荡在村组道路上，回荡在每个家庭院落里……这是白马乡白马村脱贫后的真实写照。

一、背景

白马村系省定贫困村，位于白马乡东南方向，距城区35千米，面积2.1平方千米，耕地面积64.82公顷，辖9个村民小组，现有农户333户、1 151人。2014年，精准识别贫困户74户201人，其中因病致贫44户117人，因残致贫2户3人，因病因残致贫占比为59%，因缺乏劳动力致贫10户37人，因学致贫2户5人，因缺技术致贫16户40人。农户收入以传统种养业和外出务工为主。

多年来，白马村扶贫工作主要以传统"输血式"扶贫模式为主，缺乏长效产业支撑，贫困群众脱贫增收路径狭窄。面对贫困面大、贫困人口占比多的现状，2014年以来，白马村积极拓宽思路，采取以扶贫项目、资金和土地等参股的方式，探索建立"基地+公司+农户+村集体资产"的扶贫模式，在壮大集体经济的同时，不断增强贫困户自身"造血"功能，为贫困群众脱贫致富奠定了坚实基础。

二、做法

1. 引业主，走出产业扶贫新路子

山高坡陡路难行，土地瘠薄粮难种……这是白马村村民游宗燕记忆中的家园。

年近半百的游宗燕，和贫瘠的村庄一样，被沉重的贫困帽压了好多年。

如何改变这贫穷的面貌，白马村主动思索、积极考察，发现柠檬性喜温，对土壤、地势要求不高，平地、丘陵坡地都适宜栽培，于是，决定走出一条属于自己的柠檬产业致富路。

产业是脱贫致富的核心，广安区出台了一系列措施，将全区136个贫困村全部纳入了产业发展规划。在项目补助等政策支持下，白马村积极引进业主回乡发展产业。2014年，村里引进了在外打工多年且有成就的本地业主游宗洁，率先种植了约67公顷柠檬。

处于偏远地区的白马乡白马村很快尝到了产业发展所带来的甜头。2016年10月，白马村近13公顷的柠檬挂了果，柠檬喜获丰收，群众看到这喜人的收获，纷纷主动将自家的地种上了柠檬。

如今，走进白马村，早些年的庄稼地早已被成片的柠檬基地代替。贫困户陈某在他家的柠檬地里干劲十足，讲述着产业发展为自己生活带来的可喜变化："我家的柠檬已经挂果，今年的产量比去年高得多，如果行情好，可以赚3 000元左右，明年产量还会更高。"

2. 扩规模，建立"基地+公司+农户+村集体资产"利益联结新机制

柠檬越种越多，如何将收益最大化，如何进一步大力发展柠檬产业成了又一工作重点。

白马村积极引进业主，注册成立农业发展公司，建设柠檬基地。按照"基地+公司+农户+村集体资产"模式，白马村与贫困户建立了利益联结机制，实行合作经营，以壮大集体经济。

白马村通过产业发展周转金、集体土地入股等方式合作，由业主负责栽培、产销等经营，并按投资比例分红。同时，政府和业主共同出资建设柠檬深加工配套设施，政府投入资金作为白马村集体资产入股企业，经营收入的20%归集体所有。

贫困户通过将扶贫小额贷款入股公司、将土地流转基地等方式入股，获得分红和土地流转金，实现增收。同时，贫困群众可通过进入柠檬基地务工等方式实现就业。这确保了贫困群众持续稳定增收。白马村38户贫困户实现了土地流转，74户贫困户长期在柠檬基地务工，年人均增收为2 000余元。

"大家作为贫困户要有志气，要有信心脱贫。不仅有扶贫小额贷款、产业发展帮扶等好政策，又有业主在村里发展柠檬产业，大家可以边打工边学技术。"像陈某这样用自家土地发展柠檬产业的贫困户在白马村不在少数。通过业主的带动，他们不仅在产业基地里挣得可观的务工收入，还学到了现代管理技术和种植经验。

白马村6组贫困户向某，其儿子常年患精神病给家庭带来很重的负担。由于柠檬基地提供务工机会，因此向某夫妇用勤劳的双手在家门口就业，年收入3万多元，实现了脱贫。

如今，白马村建成柠檬产业基地68公顷，已挂果20公顷。柠檬气调库于2017年3月建成，一期储量达1 300吨。柠檬深加工工厂于2017年10月底建成投产。随着柠檬深加工产品陆续上市，村集体经济实力不断增强。

3. 重服务，探索创新生产经营新模式

白马村以柠檬深加工工厂注册成立电子商务服务中心，在做好柠檬产品宣传和销售的同时，为农户提供农特产品销售、农民网上购物等服务，帮助农户实现农产品销售增收。同时，白马村通过扩大农业，发展公司的业务范围，为各类市场主体提供加工、流通、劳务等有偿服务，大力发展农业生产服务，提供代耕代种代收、统防统治、烘干储藏、集中运输等综合性服务，为广大农户生产经营提供便利。

今日的白马村与往昔大不一样，满目是顺畅通达的通村路、漫山遍野的柠檬树、张灯结彩的新房子，还有村民苦尽甘来幸福的笑脸。像游宗燕一样的白马村贫困户，都摘了"穷帽"，有了存款，搬了新家，日子有了奔头。白马村与广安区所有贫困村一起，拔除了"贫根"，摘掉了"穷帽"。

三、启示

经过发展柠檬产业的实践，白马村不仅成功脱贫致富，更为农村经济发展，尤其是农村产业发展提供了一些有益的借鉴。

其一，因地制宜地发展特色产业是脱贫致富的重要方式。发展特色产业能将农村土地等资源的效益最大化，让群众获得更多收益，还能帮助贫困户实现自我"造血"。

其二，要大胆创新，积极探索实现村级集体经济的各种形式，形成可复制和可扩展的经验，走出适应不同经济资源和市场条件的新的集体经济发展道路。

其三，要充分发挥村集体的主导作用和农民群众的主体作用，利用民主决策、民主管理和民主监督机制，有组织地增强集体实力、增加农民收入、提高产业效率，调动农民广泛参与的积极性，实现村集体和村民同步获益。

报送单位：广安市广安区人民政府办公室

执笔人：唐雪利、潘福兴

"111"工程：开启群众致富门

为推进幸福美丽新村建设和现代农业发展，2014年以来，广安市委市政府顺应群众期盼，凝心聚力打造涵盖全市六区市县产业发展和新村建设的"111"工程，即一个大环线（环绕广安区、前锋区、华蓥市、岳池县、武胜县的产业新村发展带）、一个单元（邻水县产业新村带环线）、一条连接线（连接大环线和单元之间的产业新村带）。"111"工程的实施，提升了广安现代农业发展水平，为广大农民群众开启了致富之门。

一、背景

广安市地处西部丘陵地区，是传统农业大市，农业人口多（农业人口占80%）、耕地少（耕地仅占土地面积的47%）。此外，该市农村人口转移多，外出务工人员占42%；常规农业种植多，高新农业生产少，传统农业作物占90%；农业产业化经营水平不高。据2013年广安统计数据，第一产业对广安市地区生产总值贡献率仅为5.5%，农民年人均纯收入不足万元，基本上是"干道农业""城郊农业""点状农业"。

二、做法

1. 一心为民促发展

在传统农业向现代农业转变的新的历史时期，如何实现农民增收致富，让农民住上好房子、过上好日子？广安市委市政府站高谋远，在集思广益的基础上，做出了抓"111"工程的战略决策。

一是吃透下情。广安是丘陵地区，沟壑纵横，土地零碎，农业发展相对滞后，仅靠一家一户的小生产难以实现农民增收致富目标。只有在土地确权颁证、让农民吃下"定心丸"的基础上，推动土地适度规模流转，通过转方式、调结构，抓点示范，逐步推进，走规模化、集约化的现代化农业道路，才是根本出路。

二是吃透上情。党的十八大以来，习近平总书记对"三农"工作做出了一系列重要指示。他强调，"小康不小康，关键看老乡。全面建成小康社会，不能丢了农村这一头"。中共中央连续十几年出台关于农村工作的中央一号文件，支持现代农业发展和新农村建设，持续释放强农惠农信号，为广安市委市政府创新思路抓现代农业吃下了"定心丸"。

三是果断决策。广安市委市政府在吃透下情、把握上情、充分调研和集思广益的基础上，果断决策，认为广安农业根本出路在于调结构、促转型，走传统农业向现代农业转变之路，必须坚持"产村相融、农旅结合、标准建设、成片推进"的建设理念，并以"111"工程为载体和抓手，全面推进全市产业发展和新村建设，实现农业增效、农民增收。

2. 一张蓝图绘到底

在推进"111"工程中，广安坚持把规划作为"牛鼻子"，聘请中国农业科学院和四川农业大学专家学者坐镇广安制订"111"工程规划。

一是坚持全域、全程、全面规划。广安市统一编制了《广安市"111"工程建设总体规划》，明确了建设时间、范围、内容、标准及要求，同时以县为单位编制了专项规划。

二是注重空间布局。根据广安的地形地貌特点，以华蓥山为界，广安市在山的西面布局一个大环线，把广安区、前锋区、华蓥市、岳池县、武胜县5个区市县的产业新村发展带连成一片，在山的东面布局一个小单元，让邻水县的产业新村带自成一体，在大环线与小单元之间规划一条连接线使之紧密相连。

三是体现发展目标、进度安排相协调。广安市明确要求工程区域内道路、水利等基础设施一年内完成，新村建设一年主体完工，两年确保农民入住，产业培育一年打基础、两年见成效。目前，"111"工程已建成全市新农村建设的新样板。

3. 一套标准抓建设

为提高质量，在"111"工程建设伊始，广安市就统一明确了有关产业、新村及乡村旅游的建设标准，并分类严格实施。在产业基地建设中，广安市坚持"优选良种，调型去杂，深沟高垄，大苗移栽，大窝大肥，规模成片"等标准，实现了现代农业产业基地连片发展、无缝衔接。

在农民新村建设中，广安市坚持"依山傍水，田园风光，一楼一底，青砖琉瓦，穿斗结构，座脊加盖"等标准，坚持新建、保护与改造相结合，突出川东民居地域特点和文化特色，留下了历史传承和乡土记忆，同时大力实施"洁净水"行动，从源头上治理各类污染源，实现了"山青、水净、岸绿"的目标。

在乡村旅游发展中，广安市坚持"依托新村，围绕产业，文化为魂，彰显特色"等原则，在环线的重要节点高标准打造旅游景区，建立吃、住、行、游、购、娱六位一体的乡村旅游服务体系，满足了城里人休闲观光、农事体验、果实采摘、美食品尝等旅游需求。

4. 一以贯之见成效

为把"111"工程真正建成流金淌银的富民工程，广安市委市政府坚持一年接着一年、一届接着一届，持续发力，久久为功。目前，390千米的产业大道已全面贯通，并全部实现了硬化黑化，将650平方千米的产业基地和农民新村紧紧连在一起，形成一个超大型的现代农业园区。与此同时，"111"工程也促进了农村社会基层组织、法制和精神文明建设，促进了农村和谐稳定、农民安居乐业。实践证明，"111"工程已成为农民增收致富、过上幸福生活的民心工程，得到了农民群众的衷心拥护，推动了广安"三农"工作迈上新台阶。近几年来，农民收入连续保持两位数增长，2016年人均可支配收入达到12 479元。广安"三农"工作赢得了多项国家级、省级荣誉：广安市被省政府列为全省唯一整体推进现代农业（林业、畜牧）试点市，先后获得国家现代农业示范区、国家森林城市、全省农产品质量安全监管示范市等称号。此外，全国水保工作现场会议、全省产村相融成片推进新农村建设会议等10多个全国全省性会议相继在广安召开。

三、启示

广安"111"工程建设，不仅整体提升了现代农业水平，也为助农增收闯出了一条新路，为丘陵地区发展现代农业、实现农民增收致富提供了有益借鉴。

其一，科学决策是前提。在深刻总结多年来广安农业发展实践经验的基础上，广安市委市政府进一步明确了农业、农村的现代化建设的根本出路在于深化改革，推动土地流转，促进适度规模经营；在于调结构、转方式，走规模化、集约化的产业发展道路；在于产村相融、农旅结合、标准建设、重点推进。于是，"111"工程建设应运而生。

其二，群众拥护是基础。广安市在充分征询各级、各部门党员干部和群众意见建议的情况下做出实施"111"工程建设决定。"111"工程一经实施，便得到当地各级政府、干部群众的强烈支持。在推进过程中，广安市坚持产村相融、农旅结合，同步开展"洁净水"行动，实行"旱厕革命"，加快了广安市由"物的新农村"向"人的新农村"转变，受到广大群众的衷心拥护。

其三，狠抓落实是关键。"111"工程一经推出，就被列为各区市县"一把手"工程。广安市委农村工作领导小组坚持每月组织一次专题调研活动，及时解决工作推进中的具体问题，每季度抽取一个区市县开展"111"工程推进现场会议，现场点评工作优点与不足，为广安各级各部门开展工作既增添了动力又增加了压力；在实际工作中，充分发挥农民积极性，让群众主动参与新村建设、农村改革、产业发展等工作，凝聚了推动"111"工程建设合力。广安各区市县党委政府高度重视、干群同心协力，确保了实施"111"工程这项重大决策快速落地落实，取得良好成效。

报送单位：中共广安市委农村工作委员会
执笔人：龚显军、潘福兴

瞿家店村发展乡村旅游助力乡村振兴

这里绿水潺潺，鱼儿在水中畅游；这里青山环绕，鸟儿在枝头欢叫。这里环境清幽，远离城市喧嚣，宁静而安逸。行走在此间，看蓝天白云交相辉映，闻花香四溢沁人心脾，听鸟语虫鸣放松身心，仿佛置身世外桃源……这里就是岳池乡村旅游第一村——白庙镇瞿家店村。

一、背景

岳池县境从广安市城东北部延伸到中南部，周边有广安区、华蓥县级市、武胜县和南充市的嘉陵区、高坪区、蓬安县，重庆直辖市的合川县级市。岳池县是省定贫困县，也是国家扶贫开发重点县之一。截至2014年10月，该县有建档立卡贫困村280个，贫困户27 995户90 272人，城镇贫困人口4 058人。

瞿家店村是省定贫困村，位于岳池县白庙镇北，距离镇政府约6千米，距离县城约15千米。全村面积1.2平方千米，有耕地58.67公顷、林地13.33公顷，辖11个村民小组、288户1 001人。2013年，该村有贫困户50户192人，贫困发生率达19.2%，贫困村民年人均纯收入仅2 650元。

由于地处偏僻、地形复杂、信息闭塞、交通不畅、耕作方式传统等，长期以来，瞿家店村群众生产力滞后，生活水平低下。集体经济"空壳村"、手机信号"盲区村"、贫穷落后"典型村"是瞿家店村过去的真实写照。

二、做法

1. 提升颜值

瞿家店村把美丽乡村建设、"四好村"建设作为旅游扶贫的有效载体，与环境综合整治、民居提档升级相结合，从完善基础设施、改善人居环境入手提升村容村貌。瞿家店村整合各类资金提档升级旅游道路，完成村内及李白寺、拱桥至白庙场镇的主游干道拓宽17千米、黑化8.9千米。瞿家店村以深入开展"四好村"创建为契机，整合农村人居环境综合整治等项目资金4 500余万元，实施民居改善提升、入户便民路及"五改三建"等工程。瞿家店村完成游客咨询中心、土特产品展销中心、旅游厕所、生态停车场、无线信号全覆盖、鱼塘及虾蟹池、土地调形等工程建设。瞿家店村种植红莲、白莲、重台莲、洒金莲、并蒂莲等多个品种精品荷花，打造40公顷绿色荷塘；引进珍稀花卉名树，在旅游主干道种植香樟、金丝楠等珍稀树种6.67公顷，着力构建融山水画卷、田园风光、历史风光、民俗风情等于一体的乡村旅游靓丽风景线。

功夫不负有心人，短短几年时间，村庄旧貌换了新颜。一道道柏油通村路四通八达，一条条灌溉沟渠纵横交错，一口口山坪塘点缀其间，一棵棵名贵树木矗立村路两侧。村旁斑驳的树林中，百鸟齐鸣、争相附和，村中碧绿的荷塘里各色荷花影影绰绰、争相斗艳，广场上总是充满着欢歌笑语……遥望瞿家店，山清水秀、美不胜收，村美、家净、院洁的生活环境让人心情舒畅，住得安心。

2. 优化品质

瞿家店村优越的气候和肥沃的土壤，非常适宜发展绿色种植和生态养殖产业。为了物尽其用，最大限度地发挥出村内现有资源优势，瞿家店村在传统农业耕作模式基础上，引进种植良种藤椒、优质核桃，分层次种植桃树、李树，重点发展经果林及干果产业；利用村中的基本农田重点培育稻田养鱼、养泥鳅和荷塘养虾等生态水产养殖业。同时，瞿家店村包装打造土鸡、土鸭、特色干果、生态水产、传统手工艺品等产品品牌，通过电商销售平台、展销中心和"乡愁小卖部"将特色产品远销全国各地，走出了一条产销一体化道路，让既有资源转变成能够发家致富的经济资源，增加村民收入。

品质好坏决定了发展之路能走多远。村民们用勤劳的双手在土里播种、浇水、施肥、除草、修枝、采摘，在田里引水、排水、开沟挖渠，保证活水养殖，用自家的粮食喂养家禽和水产，不仅种出来的藤椒、核桃、特色蔬菜绿色又天然，喂出来的土鸡、土鸭、家禽蛋营养又原生态，而且养出来的鱼儿、泥鳅和虾个儿肥大味道又纯正。村民们的付出是产品质量的保障，让网购的顾客、到此的游客都能够买得放心，吃得舒心。

3. 塑造气质

瞿家店村悠久的历史渊源和现代文化元素构成了它不可替代的乡村文化底蕴。瞿家店村根据不同的人文历史资源挖掘神奇的蛇龙传说、胡家高坡传说和"十面碑"出处，修缮村史馆，复兴古文化。在尊重传统建筑文化的基础上，瞿家店村抢救性修复古家大院之眼——百年古井原貌及功能，修葺川东特色民居穿斗房、复古式木楼等。瞿家店村紧紧抓住现代"乡愁"情感元素，以"儿时、青年、壮年、老年"四个阶段的不同记忆为主线，设置篱笆茅草屋、石板院坝、耕作体验田块及农耕器具等，重点打造乡愁体验园，为游客搭建连接亲情、友情、爱情回忆的桥梁，推动乡村历史文化、民俗文化与现代"乡愁"深度融合。

在经过成百上千年的历史文化熏陶后，瞿家店村沉淀下来的人文情怀、民俗风情独具本土气息和特色。现代"乡愁"园带游客穿越儿时、回忆青春、展望未来，体验无忧无虑的童年时光，回味恣意潇洒的青春时代，憧憬子孙绕膝的老年生活，在满足游客回归自然、放松心情、体验乡村生活需求的同时，不断满足其精神文化需求。

现如今，瞿家店村通过大力发展乡村旅游，颜值高了，品质优了，气质好了，不仅吸引了无数游客，也让农民切实享受到发展乡村旅游的成果和实惠！

三、启示

经过三年的探索与实践，瞿家店村成功走出了发展乡村旅游脱贫致富的新路子，全村农民年人均纯收入已超过 13 000 元，贫困村民年人均纯收入增长了 10 350 元，彻底摘掉了贫困落后的帽子，也为其他贫困地区脱贫摘帽提供了有益借鉴。

其一，重视"颜值"是发展乡村旅游脱贫致富的基础。"绿水青山就是金山银山。"村容村貌是村庄的"脸面"，代表着村庄对外呈现的整体形象和印象。只有"脸面"美了，才能吸引游客更多的注意力和探究欲望，才能让更多的人流连忘返。

其二，突出"品质"是发展乡村旅游脱贫致富的关键。产品是乡村旅游发展最关键的组成部分，产品品质决定了乡村旅游发展的上限。只有提升产品品质，放大资源优势，才能助推农民稳定增收，让农民共享乡村旅游发展利益。

其三，兼顾"气质"是发展乡村旅游脱贫致富的必然。如今，人们在物质生活不断丰富的同时其精神生活的品位也越来越高，迫切需要回归大自然。发展乡村旅游要将历史古韵与现代"乡愁"体验相融合，兼具自然风景和人文建设，营造一种"远离都市尘嚣，宁静无限好"的氛围，才能引发游客共鸣。

报送单位：岳池县惠民工作办公室
执笔人：廖秋萍、谢娜

六合寨村：
"丑小鸭"到"白天鹅"的华丽转身

精准扶贫精准脱贫工作开展以来，四川邻水县观音桥镇六合寨村全村一心，凝心聚力多元发展，使全村脱贫攻坚工作取得跨越式发展。在发展中，六合寨人不断前进，哪怕前方重重艰难险阻，哪怕前方充满曲折艰辛；在发展中，六合寨人不断思索，如何让六合寨村更加美丽和谐，如何让六合寨人更加幸福从容；在发展中，六合寨村实现了由"丑小鸭"到"白天鹅"的华丽转身，迎来了六合寨的幸福时代，奏响了六合寨的幸福曲……这是四川邻水县六合寨村多元发展脱贫奔康的真实写照。

一、背景

六合寨村位于邻水县西北部华蓥山东麓，距县城13千米，全村垂直海拔在420~900米，属山区与浅丘的结合部，全村面积为5.4平方千米，森林面积约为453公顷。全村有5个村民小组，共256户986人，共有党员23人，其中贫困党员3人、流动党员6名，有贫困户60户174人。由于地处山区，村里大部分年轻人在外务工，在家的多为老年人和妇女儿童，在产业发展中，缺乏懂技术懂管理的技术人才，发展动力较为不足。

二、做法

1. 基础设施建设创造良好条件，产业发展壮大村集体经济

通过积极争取项目资金，六合寨村建设水泥路13千米、便民路10千米、黑化道路4.28千米、生产便道2.2千米、山坪塘3口、蓄水池10口、微动力污水处理站1个、垃圾房3个，整治农房8户，实现了农网改造升级工程全覆盖，奠定了产业发展的坚实基础。六合寨村依托特殊的山地资源优势和土壤条

件，规划种植形成了集赏花、采果、休闲娱乐为一体的桃树产业发展基地，全力打造桃文化基地。目前，六合寨村已完成了约33公顷的桃树种植，桃树品种主要是春节桃花、胭脂脆桃、早蜜桃等。六合寨村引进种植新型特色水果黑老虎20公顷，并将逐步扩大规模，以建成休闲观光生态果园；打造"十里桂花香"长廊，有香桂约13公顷。同时，农户通过发展其他小型产业（种植西瓜、蜜本南瓜、辣椒等）、发展种养殖业（养鸡、鸭、牛、羊等）等多种方式，有效带动贫困户人均年增收2 000余元。

2. 四好村建设营造良好氛围，乡村旅游带动农民致富

六合寨村结合实际，念好"山"字经，做好"水"文章，在观光线路沿途，按照"一里不同品、五里不同景"的设想，根据四季特色每500米栽种一类适宜本地生长的林间花卉，并邀请专业机构科学制订旅游发展总体规划；深挖本地拥有的山水、温泉、千丘塝革命烈士墓等农业、生态、人文、自然及民俗文化资源，以实现资源重组、有机结合，互补开发，努力将六合寨村打造为一个集品果、垂钓、休闲、观光、游览、娱乐、教育为一体的成渝两地乡村旅游示范基地，争创3A级景区。同时，六合寨村将擂鼓坪山水、香炉山寺庙等资源相互融合，围绕特色效益扶贫环线，大力发展庭院经济、民宿经济、乡村旅游，着力推动农业与旅游互融互动，促进一二三产业互动发展，增加群众财富收入。

杨家塆位于观音桥镇六合寨村四组，居住有4户13人，其中有2户贫困户、1户五保户。拥有百年历史的杨家塆，历经岁月洗礼，如今通过院落打造实现了旧貌换新颜的大变化。屋檐下黄澄澄的玉米串，院坝旁翠绿的菜地，院墙上传统的劳动农具，散发着浓郁的川东民居的独特风情。杨家塆旧院改造工程于2016年4月动工，6月完工。短短两个月的时间，该工程秉承修旧如旧理念，对杨家塆旧房在原有土墙基础上进行加固，保证了房屋安全，同时也保护了"历史痕迹"。杨家塆院落打造工程涉及六合寨2016年一事一议美丽乡村项目，共投入资金210万元。观音桥镇通过"院落改造+四好村建设"模式，推进杨家塆院落打造。

杨家塆的"塆主"杨修荣，见证了杨家塆翻天覆地的变化，同时他也靠自己勤劳的双手，打造乡村民宿，发展起乡村旅游。"真的是感谢政府啊，帮我们把土墙房子整得这么有特色。我自己也愿意发展农家乐，就在家门口挣钱，还能照顾一家老小，真好！"目前，杨秀荣还计划扩建自己的农家乐。他的停车场已经快要修建完成，后院的场地也正在翻整。他还计划开辟容纳量更大的住宿区和娱乐健身区。预计杨家塆农家乐全面建设完成后，杨秀荣年收入

在10万元以上。杨修荣的农家乐经营只是乡村旅游发展道路中的小缩影，相信未来六合寨还有更多的村民愿意利用本地资源，发展本地特色，投身到乡村旅游发展事业中来。

3. "土地银行"打造良好机制，利益链接促进村民增收

在坚持取之于民、用之于民的原则上，"土地银行"通过召开村民大会，把农民撂荒土地收归村集体，按照田每亩①130元、地每亩100元的保底租金，存入镇土地专业合作社。镇土地专业合作社通过向上争取项目资金，对土地进行综合整理，将土地按照规定程序贷给种养大户业主、家庭农场合作社和涉农企业等新型经营主体并获得收益。镇土地专业合作社每四年将净收益的30%用于农民分红、5%作为村集体经济收入、5%作为贫困户帮扶资金、60%作为运营管理资金和产业风险基金，以促进群众增收致富。

"土地银行"目前在观音桥镇六合寨村和倒朝门村试点运行，其中六合寨村59户238人，纳入"土地银行"地322.3亩、田174.7亩，共计497亩。"土地银行"贷出土地用于发展建立桃树基地，并将其交由县农发公司承包经营。2017年，入社农户土地年收益达64 941元，土地银行"放贷"给县农发公司后每亩增值30元，银行获利14 910元，四年后按"30∶5∶5∶60"模式分红。

三、启示

通过多元发展，六合寨村的村容村貌发生了翻天覆地的变化，不仅实现了脱贫摘帽的目标，也给其他贫困村实现脱贫提供了有益经验。

其一，产业扶贫是脱贫攻坚的治本之策。我们要围绕坚决打赢脱贫攻坚战，立足本地资源禀赋和产业基础，结合农村第一、二、三产业融合及城乡发展一体化，加大资源整合力度，加快培育具有区域优势的扶贫产业，发展壮大村集体经济。我们要积极探索产业扶贫新模式，结合农业供给侧结构性改革，搞好项目筛选论证，引导有实力、有信誉、有高度社会责任感的企业参与产业扶贫，推进"资源变资产、资金变股金、贫困户变股东"的"三变"改革。我们应建立产业扶贫基金风险防控机制，采用跟进保险、担保等政策措施，加强监督检查和考核，确保贫困群众依托产业发展实现稳定脱贫致富。

其二，旅游扶贫是精准扶贫的重要方式。推进旅游扶贫工作需要统筹规划。各方力量要在此前提下，采取多种模式进行开发，可以由政府主导，也可

---

① 1亩≈666.67平方米，下同.

以是政府与企业合作推进，以吸引一些旅游专业人才，探索符合旅游业自身的发展规律，如相关基础设施、住宿、餐饮等都要符合行业标准，保证产品和服务质量。

　　报送单位：邻水县观音桥镇人民政府
　　执笔人：陈诗琦、潘福兴

政治建设类

岳池县"长板凳计划"
探索两新组织[①]党建工作

岳池县针对非公企业党组织难组建、流动党员难管理、党员难发展、党建活动难开展、党建投入难保障等问题，借鉴体育比赛中按长板凳次序替补队员的理念，在非公企业实施"长板凳计划"（分梯队、按计划、有重点地充实、发展、壮大党员队伍，破解党建难题），探索出"特别招聘优选党员、特殊管理感化党员，双向培养有目标、岗位实践有平台、党建激励有保障，开展灵活、小型、开放的党群活动"的"两特三有一开放"模式，增强非公企业党员队伍生机活力，提高企业党建工作实效性。

一、背景

1. 基于党中央对非公企业党建工作的要求

2012年中央专题召开全国非公有制企业党建工作会议，出台《关于加强和改进非公有制企业党的建设工作的意见（试行）》，明确提出党建是推动非公企业发展的核心力量，遵循党组织活动规律、企业发展规律、员工成长规律的有机统一，不断探索有效途径和方法，扩大组织覆盖和工作覆盖，使非公企业党建工作在职工群众中发挥政治核心作用，在企业发展中发挥政治引领作用。

2. 基于非公企业党建工作的现状和困境

在基层组织建设年大调查中，非公企业因不具备条件，而难组建党组织，且单独组建率不高。其原因包括：一是党员人数偏少，甚至无党员；二是人员流动频繁，党员分布地域广；三是部分企业党组织战斗堡垒作用发挥不好；

---

① 两新组织是新经济组织和新社会组织的简称。

等等。

3. 基于非公企业党建改进创新的现实需要

针对非公企业党建工作的薄弱环节和难点问题，岳池县有针对性地在改进和创新上下功夫，不断探索解决企业党建工作难题，壮大企业党员队伍，提高单独建党比例，提升非公企业党组织党建质量，实现企业发展、党建工作、社会责任三同步。

二、做法

1. "两特"——特别选才、特殊管理

特别选才，是指优先选聘党员。一是将优秀党员纳入用工计划"特别招"，同等条件下优先选聘党员；二是积极培养党员，按入党积极分子不低于职工人数5%的目标，筛选35岁左右的技术管理骨干重点培养。

特殊管理，是指重点关怀党员。不便、不愿转入党组织关系的流动党员，可凭流动党员证明，进行双重登记。

2. "三有"——量化培养有目标、递进培养有梯次、党建激励有保障

量化培养有目标。每年将正式党员纳入培养计划，建立优秀人才库，让优秀党员员工坐上"长板凳"。目前，公司业务骨干的36%来自优秀人才库，累计向总公司高层推荐"长板凳"员工7人。

递进培养有梯次。开展"传帮带"等活动，确保每一名新党员都有老党员帮助，每一名老党员都有自己培养的接班人，确保企业人才培养不断层。若党员示范岗位出现空缺，"长板凳"员工可以迅速地补充。

党建激励有保障。一是在办公区域内落实党组织办公、宣传及活动阵地；二是保障党员每年人均300元教育经费，对优秀党组织书记年终奖励红色津贴2 000元；三是制定《党员岗位奖励考核办法》，按50~100元/月标准设立党员岗位奖，实行单独考核。

3. "一开放"——开展灵活、小型、开放的党群活动

岳池县充分发挥公司党委政治功能和服务功能，展示党员风采，引导广大党员服务社会，组织两新党员定期不定期与机关、社区、贫困村、学校结对，大力开展创建文明城市、抗险救灾、帮扶贫困学生等社会公益活动。

三、启示

启动"长板凳计划"以来，"两特三有一开放"理念在非公企业中得到广泛宣传和落实，党组织难组建、流动党员难管理、党员难发展、党建活动难开

展、党建投入难保障五大难题得到有效破解，收到明显成效。

其一，为非公企业党建工作探索了发展路径。"长板凳计划"主要围绕"非公党建工作抓什么，怎样抓"来制定具体举措；通过"特别招聘、特殊管理、有目标地双向培养"等举措，让党员队伍不断充实、发展、壮大；通过"搭建平台促进岗位实践、强化保障实施党建激励"等举措，让企业的党建活动有计划地开展起来，使人、财、物、阵地建设得到了保障，增强了党建工作的影响力、吸引力，进一步完善了企业党建工作制度，促进了党组织有效覆盖和党的工作全面覆盖。

其二，为非公企业党员队伍建设创新了有效的手段。"长板凳计划"的实施，引导企业业主由不愿意吸收新党员到主动发展党员，增强了优秀青年入党积极性。部分两新组织在不具备条件组建党组织的情况下，积极开展寻找流动党员，摸排隐形党员工作，建立了流动党员管理台账，让广大流动党员及时找到了组织。

其三，为党建工作与企业发展深度融合提供了平台。通过实施"长板凳计划"，企业党组织和党员的示范引领作用得到充分发挥，企业业主比以前更加重视党组织建设，党组织对企业的决策、精英人才培养等有了话语权，党组织由"从属"地位变为"核心"地位，党建工作与文化建设、企业发展实现互通共融，得到同步推进。

报送单位：中共岳池县委组织部
执笔人：李云鹏、邓璨

时代先锋映党旗
——四川广安发电有限责任公司党委开展"党员当先锋"品牌建设纪实

党的十八大以来,全面加强党的建设已经成为新常态。尤其是习近平总书记在全国国有企业党的建设工作会议上强调,国有企业要坚持党的领导,加强党的建设。当前,四川区域火电面临利用小时数大幅下降、煤价居高不下等严峻形势。作为基层党组织,如何培养一支爱岗敬业、敢打敢拼的党员主力军,在工作中攻坚克难当先锋,为企业发展提供有力支持,是新时代给予基层党组织建设的重要课题。四川广安发电有限责任公司党委抓实"四个坚持",融入企业生产经营的中心工作,为做强做优做大国有企业提供坚强组织保证。

一、背景

在激烈的市场竞争和角逐中,企业"扭亏增盈、科学发展"是其生命之本,党员是企业的生力军。是否保持和发扬共产党员的先进性是能否将党建工作的优势转化成为提升经济效益、助推企业科学发展的关键所在。四川广安发电有限责任公司党委结合实际创出"当先锋"品牌,将党员的先锋作用明确定位在"对内服务促发展,对外服务展形象",重点放在"岗位建功"上,赋予党员先锋时代特色,进一步明晰党员的垂范、引导、带动作用,进一步增加党组织的凝聚力、战斗力、创造力。

二、做法

1. 严格机制夯基础

建立健全"当先锋"品牌工作机制,实现活动有目标、有监督、有考核、有提升,确保活动有序开展。

建立责任目标机制。每年年初,四川广安发电有限责任公司党委书记与支部书记签订党建目标责任书，明确提出支部年度"当先锋"工作的目标任务及责任人，并将目标任务的落实情况纳入年度绩效考评。"当先锋"的目标设置突出各支部至少培育一个特色主题活动品牌，突出发挥党员的岗位履责能力，突出党员在企业价值创造中的作用，为党委对支部"当先锋"活动进行考评提供了更为合理的依据。

建立绩效考评机制。四川广安发电有限责任公司依托"党建绩效考评"品牌，推动支部"当先锋"管理工作与党建责任制、党建工作效果挂钩，使支部绩效考评呈现"看依据""常规化""多样评""硬标准"四个特点。支部委员接受季度考评并按照考评等级兑现津贴，考评结果也作为年度评优的重要依据，为"当先锋"工程的规范化管理、目标化考核提供了考评机制。

建立整改提升机制。四川广安发电有限责任公司掌握"当先锋"品牌工作动态，适时发现实施中的亮点和不足，不定期召开经验交流会，组织支部间随时走访学习，及时总结编写活动典型案例交支部学习借鉴；梳理"当先锋"工作的推进方法、途径，并将其纳入标准化体系建设，形成了"当先锋"品牌标准工作流程，并跟踪实践情况，建立持续改进的品牌长效机制。

2. 百花齐放重实施

"亮身份、抓主题"丰富"当先锋"载体。四川广安发电有限责任公司把"当先锋"活动融入企业中心工作，要求党员佩戴党徽亮身份，增强服务意识；立足岗位抓主题活动，助推企业重点工作高效开展。一是打造"佩党徽上岗，树党员形象"活动，把党员身份"亮"出来，要求全体共产党员在工作时间和参加党内活动时一律佩戴党徽，有效强化其"先锋、责任、自律、服务"意识，自觉接受群众监督。二是打造"岗位建功"系列活动，党委进行整体策划部署，帮助支部结合岗位工作量身打造特色，指导支部培育相对成熟的独具特色品牌。维修支部抓住节约成本、提高质量、加快进度重难点，开展"五型检修""党员特护设备"主题活动；发电支部抓住对标管理、指标优化重难点，开展"对标先锋"主题活动；燃料支部结合创建集团公司燃料示范基地，抓住燃料组管理重难点，开展"强服务、做示范"主题活动；管理一、二支部抓住职能部门送技术、送管理下基层的服务功能，推进"深入基层、服务一线"主题活动；综合支部抓住后勤保障工作，开展"做时代先锋、让群众满意"主题活动。

"强素质、比技能"提升"当先锋"能力。四川广安发电有限责任公司把提升党员业务素质作为"当先锋"活动的基本点。一是发挥支部活动室学习功效，运用网络电化教学，丰富和更新党员专业知识，2016年开展了电化教学110余次。二是加强内部交流、比拼，开展党员技术讲课、青工课堂等活动，帮助党员成为本岗位的行家里手，2016年开展党员技术讲课62次、技术比武21场。三是组织"术业有专攻、党员当先锋"座谈会，提炼出党员技术能手的先进做法予以推广，提升了党员服务企业中心工作的能力。

"献爱心、讲文明"扩充"当先锋"影响。四川广安发电有限责任公司党委充分整合党群力量，加强形象工程的系统推进，重点抓住社会关注"志愿服务""文明新风"等主题，使企业服务社会的形象更鲜明。四川广安发电有限责任公司组建"临时型"志愿者队伍开展救灾清淤、义务送水、灾后防疫等活动4次；自主成立了5支义工服务队，参加社会义工组织的人数有50余人；组织党员参与义务植树、文明劝导、节能环保宣传等活动共11次；发放各类宣传资料1 200余份；劝导乱闯红绿灯等不文明行为40余次，有力提升了企业的社会形象。

三、启示

其一，在融入上下功夫。党组织体现作为的基础是敢于、善于把握好融入理念，即把作为融入机制体制、融入管理链条、融入价值创造、融入社会责任、融入企业发展的方方面面，使党员先锋作用成为企业发展不可或缺的力量，以作为赢得地位。

其二，在持续上做文章。党员先锋工程是一项系统工程，发挥作用不能简单停留在喊口号和提要求上，必须提倡可持续理念，必须依靠制度来保障落实。建立健全责任、激励等机制，加强对党员先锋作用发挥的考核评价，将先锋作用发挥情况作为评先选优、职位晋升的重要依据，坚持鼓励先进，鞭策后进，从而增强党员的内生动力。

其三，在务实上求创新。党建工作的务实不仅体现在融入企业生产经营所取得的实效上，而且体现在作为载体引领企业改革发展的方向和性质上。这种务实重在把党员先锋作用主动融入企业改革创新中，即在工作方法上创新，在内容方式上拓展，在载体选择上注入时代元素，出实招，办实事，见实效。如在地方文明建设中发挥示范、辐射功能，树立了良好的华电品牌形象，受到全国文明创建考评组和市创办好评。

报送单位：四川广安发电有限责任公司
执笔人：瞿石磊、邓璨

落实主体责任的前锋模式

治国必先治党，治党务必从严。全面从严治党要靠全党、管全党、治全党，靠的是责任，关键是主体责任这个"牛鼻子"，要用务实的举措、扎实的作风，敢抓敢管、真抓真管、常抓常管，切实推动各级党组织履行管党治党政治责任。

一、背景

在十八届中央纪委第三次全会上，习近平总书记强调指出，要落实党委的主体责任和纪委的监督责任，党委、纪委或其他相关职能部门都要对承担的党风廉政建设责任做到守土有责。"两个责任"的提出是对党风廉政建设责任制的一次再阐释、再定义，特别是主体责任的提出，牵住了管党治党的"牛鼻子"。

2014年5月，四川省委出台了《关于落实党风廉政建设党委主体责任和纪委监督责任的意见（试行）》，从党委领导班子责任、主要负责人责任、领导班子成员责任三个方面明确17项责任内容，形成了"944"主体责任体系，制定了实行"签字背书"、提交述廉报告、开展述责述廉等八项举措。同年，广安市委结合实际，出台了《广安市落实党委主体责任和纪委监督责任实施方案》，对"944"主体责任体系内容进行了完善，创造性提出了"明、询、查、考、述、评"六步工作法。

建区以来，广安市前锋区始终牢记市委市政府"走在前列、勇当先锋"的谆谆嘱托，勇于探索、敢于创新，结合前锋区实际，在"明责、履责、查责"上进行深化拓展，强化工作举措，形成了独具前锋特色的主体责任落实模式，丰富发展了全市落实主体责任实践。

二、做法

1. 明责清单化，清单可操作

明责是推动主体责任落实的一项基础性工作，是履责考责问责的重要依据。为深入贯彻落实省市精神要求，前锋区在严格遵照市纪委规定内容的基础上，结合前锋区实际，大胆探索创新，独创"责任+工作"清单，为全市责任清单制度提供了"前锋样板"。一是在责任内容部分，前锋区严格按照四川省委办公厅印发的《关于落实党风廉政建设党委主体责任和纪委监督责任的意见（试行）》（川委办〔2014〕20号）明确的责任内容，按照区、乡、村三个层次，主要领导、班子成员、中层干部三个类别，分层分类，差异化细化规范了责任内容。二是在工作清单部分，前锋区通过在安排部署、审核把关、督促指导、监督检查、党内政治生活、廉政教育、接受监督等方面规定定时、定量的工作内容，实现了责任内容具体化。

"以前的责任清单，责任写得清清楚楚，可怎么通过具体工作进行履责，说实话，我们多数很茫然。这下可好了，有了工作清单，该干什么，怎么干，一目了然，可操作性太强了……"一名前锋区乡镇党委主要负责人如是说道。一条条"定时+定量化"的工作清单，将管党治党的履责路径清晰标记了出来，受到全区基层党员领导干部一致好评。

2. 履责痕迹化，痕迹全纪实

"2017年4月，主持召开全局2017年党风廉政建设和反腐败工作部署会，传达学习中、省、市、区纪委全会精神，安排部署2017年党风廉政建设和反腐败工作……""2017年7月，亲自主持召开局党组会议，听取领导班子成员履行党风廉政建设主体责任情况汇报……"这是前锋区一部门主要负责人在全程纪实手册上的记录内容，一条条履责痕迹被清晰标记出来。

履责是落实主体责任最关键环节，履责留痕、存档备查则是履责的工作要求。前锋区在全市率先建立主体责任全程纪实制度，统一编印《前锋区党风廉政建设主体责任全程纪实手册》。该手册按照"责任+工作"清单内容，分门别类设计了履责记录页，要求做到一事一记、随做随记、动态更新、全程留痕。同时，每页下印有责任主体检查记录签名处，由责任主体对责任对象履责情况定期检查并"签字背书"。

3. 查责定期化，定期专题报

查责是推动主体责任落实的重要举措，定期化是查责常态化的重要体现。为贯彻落实《关于进一步推动县（市、区）党委落实党风廉政建设主体责任的意见》（川委办〔2016〕28 号），有关县（市、区）党委书记每季度听取领导班子成员及人大常委会、政府、政协、法院、检察院党组书记履行党风廉政建设主体责任情况汇报的规定。2017 年，前锋区纪委主动汇报，区委坚决贯彻，将此项议题迅速纳入第二届区委常委会第 19 次会议第一项议题，在全市率先落实省委此项规定。

前锋区宣传部部长、政法委书记依次在第二届区委常委会第 19 次会议向区委书记口头报告一季度履行党风廉政建设主体责任情况，其他常委和人大、政协、法院、检察院党组书记向区委做了书面报告。这一定期汇报制度的确立执行，区委班子的以上率下，进一步增强了全区上下狠抓主体责任的思想自觉和行动自觉。

三、启示

前锋主体责任落实模式，既是一种对形式内容的探索创新，也是一种对制度规定的严格执行，更是一种求真务实的工作态度和精神，因为它的创新源于前锋实际，契合前锋实际，服务前锋实际。

其一，把可操作性作为制度制定的重要考量。前锋主体责任落实模式核心在于抓住了基层对可操作性这一政策落实的心理需求，将主体责任变得可操作，正是因为可操作，基层明白了怎么操作，所以乐意去执行。例如，目前，全市范围内责任清单多为定性的责任内容，内容不具体，基层只知道"是什么"，却不知"干什么"，更别提"怎么干了"。前锋"责任+工作"清单的责任部分上接"天线"，严格贯彻落实省市要求；工作部分则下接"地气"，将责任内容具体化到每一项定时、定量并可操作的工作内容，完美实现了可操作化。

其二，把痕迹管理作为监督管理的重要内容。管党治党主体责任绝不是口上说说、纸上写写、墙上挂挂，必须要用行动去落实，用痕迹去印证。前锋主体责任落实模式关键在于引入可追溯化过程管理，用全程纪实来标记履责痕迹，实现对履责过程的全程监管，以此督促责任落实。例如，前锋主体责任全程纪实制度，其"分门别类"的记录要求、"签字背书"的检查印证，克服了以往"发个本子记一记，不记不写没人查"的痕迹化弊端，更加注重以制度设计规避工作弊端，更加注重实效，体现出了求真务实的工作态度。

其三，把"关键少数"作为制度执行的重点人员。实践证明，制度是否落实，能否执行，关键在于领导干部能否率先垂范、能否以身作则，能否令行禁止。前锋主体责任模式重点在于抓住了区委书记这个"关键少数"，区委班子这个"关键集体"。区委主要负责人每季度听取区委班子成员及人大常委会、政府、政协、法院、检察院党组书记履行党风廉政建设主体责任情况汇报，形成区委常委会的新议题、定期议题。这一制度的落实，体现的是责任担当精神，发挥的是责任示范效应。制度执行落实的关键在于抓领导、领导抓。

报送单位：中共广安市前锋区纪委
执笔人：胡勇坤、邓璨

创新"政区合一"管理体制突破改革发展壁垒

——前锋区机构改革暨体制创新纪实

前锋区按照中央、省、市改革部署，充分发挥新区历史包袱轻、改革阻力小的独有优势，大胆探索，不断优化行政体制机制，结合"产城一体"发展要求，推动产业园区与街道办事处功能融合互补，构建高效快捷的政务服务，逐步实现园区治理体系现代化，走出了一条"政区合一"改革新路子。

一、背景

前锋区以省市批复部分乡镇区划调整为契机，结合前锋工业园区、物流园区空间布局，于2016年6月，将前锋区大佛寺街道办事处和广安经济技术开发区前锋工业园区管委会、龙塘街道办事处和川渝合作示范区广安市前锋商贸物流园区管委会有机整合，实行"两块牌子、一套班子"，并赋予相应的行政审批事项。这种新的"政区合一"管理模式，将产业园区与行政区合二为一，既拓展产业园区承载空间，又有效解决了产业园区与行政区之间跨部门协调配合、体制不畅等问题，极大地提高了工作效率。

二、做法

1. 机构"三整合"

将实行"政区合一"的街道（园区）机构设置、领导职数、人员编制进行全面整合，精简优化机构设置。一是整合机构职能。除街道（园区）领导机构及监察机构外，前锋区按照总量控制、统筹设置、整合运行的原则，设置党政办公室、党群工作办公室、财务办公室、经济发展办公室、社会事务办公室、规划建设办公室6个职能机构。群团组织为街道办事处、园区管委会综合办事机构。根据工作需要，前锋区设置社会事业服务中心、规划建设服务中心、经济发展中心、招商及企业服务中心4个下属事业单位。二是整合领导职数。前锋区将街道党工委、人大工委、办事处、纪律检查工作委员会、人民武装部与园区工作委员会、纪律检查工作委员会以及园区管委会等领导机构，按照人口规模、区域面积和区域经济社会发展任务等指标，科学核定领导职数和中层职位。三是整合人员编制。从规划实施"政区合一"改革以来，区委组织部、人社局冻结街道（园区）人员变动，暂停调进调出。"政区合一"改革方案正式出台后，区委编办对合并的街道、园区，统一核定行政编制、事业编制和机关工勤人员控制数，再根据编制情况对所有人员进行合理安排。

2. 规划"三融合"

前锋区坚持将园区与城区同步规划、同步建设、同步发展，突出城市园区组团发展、互为配套，实现企业职工上班在园区、下班在城市。一是融合产业规划。前锋区明确整合后的街道（园区）功能定位，分别按照第二产业、第三产业发展进行规划设计，进一步促进要素集聚集约，形成错位发展、竞相发展的良好格局，如大佛寺街道（工业园区）集中向轻纺、装备制造等工业产业方向发展，龙塘街道（商贸物流园区）向商贸流通、城市新区等现代物流产业方向发展。二是融合基础配套。根据产城一体发展要求，前锋区大力推进城区园区基础设施建设，对园区道路、管网、环卫等基础设施，全部按照市政设施的标准进行建设，对绿化、美化、亮化等环境提升工程，全部按照城市景观的要求进行打造，实现园区基础设施与城市基础设施标准统一、建设同步、无缝衔接。三是融合城市功能。前锋区制定优惠政策，鼓励修建餐饮住宿、休闲娱乐、购物消费、文化体育、教育医疗、公共交通等服务设施。前锋区将金融机构、中介服务、能源通信等服务机构以及公安消防、政务服务等部分行政机构向园区汇聚，以增强园区承载能力，加快实现从产业园区到产业新城的华丽转身。

3. 管理"三结合"

前锋区坚持将高效管理作为提高政区合一改革成效的有力抓手，促进规范有序。一是结合职责管理。在整合过程中，由区委决定新班子成员、工作人员分流、办公地点、债权债务分割等重要事宜，由街道和园区负责落实，由区纪委负责监督执行改革纪律，确保令行禁止。整合后，按照党工委和行政领导A、B岗分工原则，前锋区重新确定街道和园区党政班子成员分工，并将街道、园区职能相近人员实行合署办公，打捆使用，以提高工作效率。二是结合经费管理。在整合过程中，日常财务收支由区财政局接管，按程序实行报账制管理。整合后的街道和园区，作为一个预算单位，按现行财政体制供给经费，所有支出费用按报账制实行统一管理。三是结合制度管理。整合后，前锋区重新制定完善各类议事规则和出差、值班、考勤等系列制度，领导班子成员充分酝酿，经民主讨论并征求意见后形成正式文件，促使街道、园区整合后的工作人员在包片、驻村、联系企业等方面在工作安排上一视同仁，工作待遇上公平公正，形成工作合力。

三、启示

前锋区产业园区"政区合一"整合运行模式，对于优化城市建设和产业发展布局，创新驱动"三大战略"，推进新型工业化、新型城镇化互动发展，具有十分重大的意义。

其一，机构设置精简优化。实行"政区合一"改革后，管理职能高效整合，街道（园区）工作力量比改革前得到补充和加强，有效补齐了新区人员编制总量偏少、园区专业技术人员配备不足等短板，大幅度降低了行政管理成本。

其二，行政效率不断提高。实行"政区合一"改革后，原街道、园区重复设置的机构全面合并，实行"议行合一"，既减少了中间环节，又提高了执行效率。改革后，街道（园区）协调相关职能部门做好优惠政策宣传、业主引进等招商引资工作的方式更灵活，办理企业入园前的备案、立项和"一书两证"办理、工商税务登记、银行开户等相关手续的职责更明确。项目从签约到开工平均时间缩短20天，企业办理各种手续时间平均减少10天。

其三，经济发展持续向好。实行"政区合一"改革一年以来，前锋区工业和第三产业得到长足发展。商贸物流园区入园项目由4个增加到10个，园区面积由2平方千米扩展到4平方千米，带动全区线上商贸企业、规上服务企业增加6家，前锋商贸物流园区获得2016年广安市现代物流产业经济发展一等奖。工业园区新增建成面积4平方千米，新入驻企业30户、新增规上工业企业12户。2017年1月至6月，全区实现工业总产值203.4亿元，增长13.4%，规上工业增加值增长9%；物流业方面实现固定资产投资16.5亿元，增长171.1%，物流业增加值1.4亿元，增长5.5%。

报送单位：中共广安市前锋区委机构编制委员会办公室
执笔人：旷声翔、高彦平、袁琳

让党旗飘扬在脱贫攻坚最前线
——华蓥市明月镇探索实践党建活动

近年来,明月镇党委坚持"围绕发展抓党建、抓好党建促发展"理念,全力实施"四大"工程,强基础、育队伍、促发展,使"明月风光、渠江画廊"初具规模,脱贫攻坚工作稳步推进,全镇经济实现又好又快发展。

一、背景

华蓥是四川省88个贫困县之一,也是省定首批"摘帽"的5个贫困县之一。2015年,华蓥市共有贫困村25个,其中5个分布在明月镇,全镇贫困户有466户1534人,大部分贫困人口生活在渠江洪灾淹没区,是脱贫攻坚最难啃的"硬骨头"。自打响脱贫攻坚战以来,华蓥市明月镇创新推进精准脱贫工作,探索实践"让党旗飘扬在脱贫攻坚最前线"主题活动,充分发挥了党组织、广大党员的战斗堡垒和先锋模范作用,成功实现党建工作、脱贫攻坚两促进。

二、做法

1. 抓班子带队伍,形成凝聚力

为解决班子队伍问题,明月镇党委把"强基固本"作为头号工程,以促进党风政风转变。第一,让班子强起来。明月镇党委通过"教育转化、劝其离职、公开选拔"三个一批的办法,结合村级组织换届,对5个贫困村9名不胜任现职的村"两委"干部劝其离职,大胆启用5名30岁以下具有大专以上学历的农村致富带头人,使村级班子建设呈现出新气象。第二,把阵地建起来。明月镇党委多方筹集资金300余万元,将5个贫困村建成标准化党群活动中心,形成为村民服务、聚村民议事、供村民休闲的核心场所。第三,带党员动起来。明月镇党委推行支部发展党员、党员带动群众的放射式工作法,组织

党员重温入党誓词、牢记党员身份、带头投工投劳，激发了群众参与脱贫攻坚的热情，形成了全民投身脱贫攻坚的热潮。第四，强监督严起来。明月镇党委坚持"党务、村务、财务"三公开，及时将群众关心关注的事项和扶贫项目实施、资金使用全程公开公示，满足了群众知情权。群众对村"两委"的信任日益增多。

2. 树正气抓治理，形成好风气

明月镇党委秉承"既扶贫、又扶志，先扶志、再扶贫"的思路，把综合治理作为二号工程，以促进村风民风转变。一是抓教育舒心顺气。明月镇党委办好办实"农民夜校"，把教学地点从枯燥的课堂搬到田间地头、项目现场、院坝家庭等，用100余次灵活多样的教学，让党员群众既了解了镇村规划蓝图、学到了实用技术，又接受了道德风尚、党纪法规再教育，心气更顺了，矛盾也更少了。二是立规矩弘扬正气。明月镇党委通过通俗易懂、简洁好记的文字，修订完善各村党员干部行为规范，制定完善村规民约，实现党员群众自我管理、自我教育、自我服务、自我监督，引导党员群众走向文明，塑造和弘扬社会正能量。三是以知荣辱典型为镜。明月镇党委以"四好村"创建为抓手，组织各村评选孝敬友爱、勤劳致富等方面的"先进模范"20名，以正面典型示范引领；并邀请市电视台拍摄脏乱差、不尊老爱幼、邻里不和谐等现象进行曝光，以反面典型警示触动。明月镇党委通过坚持扶贫先扶志，教育村民不攀比、不以贫困为荣，在全镇树立起了不等不靠、自力更生的好风气。

明月镇竹河半岛旅游扶贫示范区规划图

3. 更新理念狠抓落实，共享发展成果

明月镇党委围绕既精准帮扶、精准脱贫，又放眼长远持续奔康，实施"双带双升"工程（以支部带党员、党员带群众，实现发展质效提升、村民收入提升），促进村容村貌转变。第一，思路理念引领。明月镇党委在充分全面把握贫困村自然资源优劣势的基础上，提出以乡村旅游带动全域脱贫的思路，编制完成"明月风光、渠江画廊"12千米400公顷乡村旅游廊道总体规划，同步编制完成12千米滨江乡村湿地及千户滨江渔村等项目规划。连片乡村旅游扶贫被确定为华蓥市脱贫攻坚"一号工程"，4个村成功入选全国乡村旅游扶贫示范村。第二，基础建设先行。多方争取资金近2亿元，新建高标准旅游扶贫公路10千米，规划建设渠江跨江大桥一座，村通公路18千米，生产便道及便民路近60千米，让村民行有其道。明月镇党委完成易地扶贫搬迁86户、C级和D级危房改造70户、五改三建266户，建成水淹区幸福美丽新村2个，让贫困户住有其居。明月镇建成一批文体广场、观景台、休憩亭等公共服务场所，让群众娱有其所。第三，产业发展配套。明月镇栽植桃李约133公顷，建成有机蔬菜基地40余公顷，栽植花卉苗木约33公顷，实现特色产业连片发展。明月镇发展庭院经济466个，种植果树20 000余株，养殖家禽20 000余只、牲畜1 000余头，实现庭院经济户户开花。第四，利益机制联结。明月镇试点"村集体+业主联办经济实体"，探索"复三七"（村统一对撂荒地集中规划利用，土地承包者占收益三成，村集体占七成；村集体获得的七成收益里，贫困户先提取分配三成，余下七成用于壮大村集体经济）利益联结模式，壮大了村集体经济。截至2017年年底，各村集体经济收入已实现人均增长25元以上。明月镇规划到2020年，初步建成川渝知名的"明月风光、渠江画廊"乡村旅游廊道，与全国人民一道迈入全面小康。

三、启示

在脱贫攻坚过程中，基层党组织、党员是脱贫攻坚的领导核心和中坚力量。加强脱贫攻坚中的党的建设，全面筑牢基层战斗堡垒，对于脱贫攻坚具有重大意义。

其一，抓班子带队伍，让贫困群众在脱贫攻坚过程中找到主心骨，形成凝聚力。"群众富不富，关键在支部；支部强不强，全靠领头羊。"牢牢把握住党员干部队伍，不断增强班子队伍的核心带动作用，带头树标立规、以上率下，同时切实教育干部、凝聚人心、推动工作，坚持党管干部，把班子队伍建设作为强基固本的头号工程抓紧抓实抓好。

其二，树正气抓治理，让贫困群众在脱贫攻坚过程中养成好习惯，形成好风气。"村里的生活这么幸福，一定要让邻里更和睦、环境更优美。"多么朴实的语言，多么朴实的希望，这要求我们必须树正气抓治理，以引领致富奔康的群众形成"好习惯、好风气"的常态。这有助于村域发展与脱贫攻坚，有助于精神文明建设同频共振。

其三，更新理念狠抓落实，让贫困群众在脱贫攻坚过程中增强造血功能，共享发展成果。"思路决定于出路，出路就在思路拐弯处。"有了思路的引领，外加勤奋苦干，各贫困村必将呈现出一片和谐稳定、幸福健康、积极向上的景象，成为渠江河畔一幅美丽的画卷。

报送单位：华蓥市明月镇人民政府
执笔人：杨奇勇、袁琳

华蓥市教育科技体育局
用"五三法则"抓党建的实践探索

教育系统党组织是全面贯彻落实党的方针政策的组织者、实施者，是培养德智体美劳全面发展的社会主义事业建设者和接班人的摇篮，是宣传、组织、带动和影响广大党员教师发挥先锋模范作用、提升党建、教学水平的有力保障。

一、背景

华蓥市地处华蓥山中段西麓，面积为470平方千米，辖13个乡镇（街道），总人口36万人。华蓥市教育科技体育局（以下简称华蓥市教科体局）党委配备正、副书记各1人，委员5人，辖44个基层党组织，有党员828名。华蓥市教科体局党委牢固树立"创新、协调、绿色、开放、共享"五大发展理念，面对教育改革和发展的新情况、新任务、新要求，结合实际、开拓创新，逐步创立党建工作"五三法则"，构建"三看两做"工作模式，以此作为推动教育科技体育事业优质、健康发展的前驱动力，不断夯实做强党建工作。

二、做法

1. 思想建设看载体，三大载体净化思想

①手掌读本。我们把党的思想精髓和工作理论，通过手机软件客户端，呈现在智能手机的方寸之间，贴近时代，方便阅读；精选习近平总书记关于教育的重要论述、党的教育方针等内容，并编制成章，实现了学习党的理论与工作共进，让党员随时可看、随时可学、随时可用、随时评论。

②数字党课。没有党建数字化，就没有党建现代化。我们全覆盖建立党课视频会议系统，每月第一周的周一下午为授课时间，由华蓥市教科体局党委委

员轮流上课。同时，我们创建了校园党建微信、微博、QQ群和公众号，推送党的知识，传播党的声音。

③智慧教室。党员教室是锤炼党性的重要阵地。我们按照"十有"要求（即有标牌、有党旗、有荣誉、有制度、有专栏、有图书、有桌椅、有电脑、有网络、有录播系统）打造智慧型标准化党员教室，提升学习效率，展现党的风采。

华蓥市廉洁课大赛

2. 组织建设看活动，三大活动优化组织

①党委委员拓展活动。我们在党委委员中每年开展阅读中华经典、瞻仰伟人风范、展示人生格言、参与结对走访、带头克难攻坚五项活动，他们树立团结互助意识，坚定民主集中精神，磨炼党性修养。

②支部书记规范活动。我们在支部书记中全面开展每天一巡查、每周一交流、每周一听课、每年一亮点、每年一论坛五项活动，确保动作更加规范、管理更加科学、建设更加有效。

③普通党员示范活动。我们在"千百十"党员示范岗（即设立教学教研示范岗1 000个、班主任工作示范岗100个、服务管理示范岗10个）的基础上，开展每学期读一本书、每学期写一篇反思文章、每学期参加一次技能比武、每学期拥有一篇研究成果、每学期参加一次论坛交流五项活动，充分激发党员的活力与潜力。

3. 制度建设看机制，三大机制细化制度

①"三包"工作机制。我们因地制宜，制定了党员"三包"机制，即党委委员包学校、支部书记包村社、党员包学生，重点聚焦牵手建档立卡贫困学生、关爱农村留守儿童、帮扶残疾学生，彰显全心全意为人民服务的宗旨。

②"三评"考核机制。我们建立了党建工作"三个一"考核办法，即每月一月评、每季一季评、每年一总评，推进党的建设有序开展。

③"三优"激励机制。我们科学制定了"三优"（即优秀党支部、优秀党员、优秀党务工作者）评选办法，在"七一"期间，对先进典型进行表扬和宣传，增强党员的荣誉感和自豪感。

4. 作风建设做加法，三道加法深化作风

①在工作上做加法。在机关党员干部中，我们认真开展"五个一"和"四个好"活动，即每周一督查、每月一听课、每月一交流、每月一调研、每期一本书，作风好、业务好、业绩好、口碑好，践行党的群众路线，解决师生身边的问题，打通"最后一公里"。

②在学习上做加法。我们在学习中国特色社会主义理论体系基础上，增加教育政策法规、教育扶贫政策措施、经济科技文化知识，将政策学深吃透，达到内化于心、外化于行的效果。

③在生活上做加法。我们在中央"八条规定"和"六条禁令"的要求上，出台党员干部生活作风"十二不准"，树立党的良好形象。

5. 廉政建设做减法，三道减法强化廉政

①让失责减少。廉政建设重在预防，目的是让失责减少。我们在工程建设、物资采购、资源配置、行政审批、人事任免等重点领域建立健全廉政风险防控体系，将权力装进制度的笼子，实现失责减少或零失责目标。

②让问责减少。廉政建设的主要手段是监督，目的是让问责减少。我们不断完善监督体系，坚持有案必查、有访必答，认真开展财务"三项"审计，即季度审计、年度审计、离任审计，发现问题，限时整改，实现问责减少或零问责目标。

③让追责减少。廉政建设主体责任在党委，监督责任在纪委。我们不断强化党委主体责任和纪委监督责任，层层签订党风廉政建设责任清单，认真开展"三述一评"活动，即述职、述廉、述险和互评活动，实现追责减少或零追责目标。

三、启示

华蓥市教科体局党委以"五三"党建为统领，构建"为学生的幸福人生奠基"的教育体系，加快推进教育改革、科技创新和体育发展工作，使党的事业实现高质量发展。

其一，坚持创新思维抓党建。唯有创新才是解决党建问题的总路径。若不敢破、不敢尝试、墨守成规，我们是无法达到实现党的建设工作的既定目的的。我们必须要把创新思维摆在第一位，只有这样才能不断自我突破，从而实现党建工作在理论和实践中的创新发展。

其二，坚持发展眼光抓党建。正如"教无定法"一样，抓党建要坚持与时俱进，紧紧围绕社会发展的阶段性任务，紧紧围绕教育改革的时代性要求，不断完善党建工作的机制和手段，搭建新平台，提高新水平。我们要始终做到与党中央同心共向，与时代要求同步共进，与中心工作同频共振，与人民群众同拍共鸣。

其三，坚持问题导向抓党建。我们应树立问题导向意识，主动认领关键问题，迅速行动并加以改正，永不隐瞒，绝不回避，永不含糊。在深入分析根源的基础上，我们应以强化主体、明确责任、突出重点、典型示范、转变作风等作为主要措施，精准抓落实，不断将党建水平提升到一个新台阶。

报送单位：华蓥市教育科技体育局
执笔人：卿明统、袁琳

县乡人大工作旧貌换新颜

这几年，广安市县乡人大工作在市委的领导下，在市人大常委会的指导、帮助、督促下，坚持与时俱进、创新发展，取得了可喜成绩，探索出了一些经验和做法。

一、背景

2015年6月，中共中央转发了《中共全国人大常委会党组关于加强县乡人大工作和建设的若干意见》。这个文件可以说是推动各个基层、县乡人大工作，推进社会主义民主法治建设的重要推动力。2016年1月，广安市委积极抓好贯彻落实，积极行动起来，制定了《中共广安市委关于进一步加强县乡人大工作和建设的实施意见》，再结合广安本地发展实际，对进一步加强广安市各级人大工作和建设做出详细周密的安排。广安市的县乡人大工作，展现出映日荷花般的别样风采。

二、做法

1. 固本强基：乡镇人代会实现定期召开

过去，广安市基层人大，尤其是乡镇人大在职权这一方面的规定比较笼统、缺乏具体细则。"以往乡镇人代会存在随意简化程序、流于形式的现象。一年一次甚至没有选举任务就不开的人代会，已实现年初、年中定期召开2次；过去常被其他会议代替的主席团会议已实现每季度召开1次……"对县乡人大进行制度上的设计，是坚持和完善人民代表大会制度的基础工作，同时也是对全国人大工作的改革创新。

广安市人大常委会和各区市县人大结合实际，同时也是更好地推动地方人大工作创新发展，对省18号文件进行了进一步拓展：明确要求乡（镇）人大设专职主席1名，安排进入本级党委班子；有条件的地方配置专职副主席，乡（镇）人大、街道人大工委配备至少1名工作人员；党委可每年对人大代表优秀议案、建议和履职优秀的人大代表进行表彰奖励，获奖人大代表可优先提名为连选代表候选人。

2. 注重创新：县级人大监督质效提升

"这两年，芦溪河的水变清了，鱼儿增多了。"前锋区一名群众高兴地说。这和前锋区人大常委会的努力密切相关。前锋区人大常委会一致致力于提高建议办理质量和效果，直面意见答复中"基本满意"和"不满意"的原因。

针对呈现出来的代表"不满意"的问题，2014年以来，前锋区人大常委会通过"双向问询"这一方法，在完成询问后，要求对监督传导单位的重点项目进行"双向监督"。经过三年多的努力，前锋区人大常委会切实解决了监管较弱、质量不高、回复慢、处理问题不及时等问题，转变了工作作风和方式，推动人大建议批评和意见处理工作的满意度上升一个新台阶。

在选举权创新方面也有一些亮点。每一次的全市县级人民代表大会在表决前或者投票前，都要充分沟通，全面准确了解候选人的基本情况，实事求是地广泛听取建议。岳池县人大常委会还为此出台《岳池县人大常委会任免国家机关工作人员办法》，对任职资格审查、任前法律知识考试、拟任职发言、向宪法宣誓等工作程序进行了规范。

3. 多措并举：县乡人大代表履职行权更有保障

2017年6月，广安华蓥市人大代表联络工委公开了以下信息：今年以来，185位华蓥市级人大代表中12位代表被扣了1~3分，原因是履职不到位，其中，双河街道代表团一位代表因为没有参加与群众密切联系的主题实践活动被扣了3分。华蓥市人大常委会对代表的角色和监督举措进行改革创新，对代表们在会议期间的履职和日常工作及生活中的情况按三个层次进行量化考核，使制度逐渐细化。

为探索和建立代表人员履职责任激励机制，完善代表不力的退出机制，各地都在加强代表履职服务和监督平台建设。四川省统计局常务委员会的调查显示，目前，广安市已设立了县级人大（人大代表）联系代理机构，大部分乡镇代表联络处都设立了代表联络室，村（社区）先后成立了全国人大代表活动室，部分县级人民代表大会探索建立了民情信箱，从而使代表们的履职工作活跃起来。

2017年以来，广安区人大常委会创新开展代表履职能力提升系列活动，提出八大行动，搭建八大载体，深化八大活动；华蓥市人大常委会将每年4月

3日至9日确定为"人大代表集中活动周",让广大代表走进社区听民声、解民忧;邻水县人大常委会建立了县人大门户网站、"邻人轩"微信公众号、《人大视阈》电视栏目、人大工作微信群、人大讲坛、人大代表之家、代表活动室,全面推动代表联络机构面向选区选民(选举单位)公开代表基本信息……

目前,县乡二级人大换届已经圆满完成,人大代表和常委会组成人员结构进一步优化,机制设置也得到进一步优化。

三、启示

广安县乡两级人大贯彻实施中央、省、市文件,推进县乡人大工作和建设取得的成就,充分体现了中国特色社会主义制度的优势,为推进人大制度和人大工作完善积累了宝贵经验。

其一,必须坚定坚持党的全面领导,支持和保证国家权力机关依法行使职权,保证党领导人民有效治理国家。新时代下,推动人大工作推陈出新,首先就是要坚定坚持党中央集中统一领导,牢固树立"四个意识",增强"四个自信",做到"两个维护",自觉在思想上政治上行动上同以习近平同志为核心的党中央保持高度一致。

其二,必须坚持依法探索创新,及时将可复制、可推广的经验制度化法律化,以实践创新推动制度创新。创新盘活思维,进取释放活力。两年来,县乡人大按照宪法和法律的规定,在注重吃透中央、省委和市委精神的基础上,结合实际,发扬与时俱进、锐意进取、勇于创新的精神,稳扎稳打、蹄疾步稳推进地方人大工作创新前行,使各项人大改革工作指向准、力度大、节奏强。

其三,必须加强上下级人大的联系与协同,共同推进社会主义民主法治建设。联动聚力谋大事,砥砺奋进铸辉煌。两年来,在市人大常委会的指导、帮助、督查下,县乡人大积极整合系统资源,形成内在合力,上下联动,齐心共进开展人大建设工作调研,发现问题、解决问题,有力支撑人大工作步步跟进、处处见效、事事得力。

报送单位:广安市人民代表大会常务委员会
执笔人:杨陈、袁琳

咬定青山不放松　春风度过玉门关
——《广安市制定地方性法规条例》出台纪实

自《中华人民共和国立法法》赋予设区的市地方立法权以来，各地启动迅速，一大批地方性法规相继诞生。纵观这数百部地方性法规，其结构和内容大同小异。为了区别于其他地市的地方性法规，广安市人大以"不抵触、不求全、不重复"的理念，颁布了《广安市制定地方性法规条例》，为推动"法治广安"建设提供了制度保障，同时也为其他设区的市做好立法工作提供了借鉴，受到社会各界的一致好评。

一、背景

党的十八届四中全会提出，明确地方立法权限和范围，依法赋予设区的市地方立法权。2015年3月15日，第十二届全国人民代表大会第三次会议对《中华人民共和国立法法》做出重要修改，赋予全国所有设区的市地方立法权。2015年12月3日，四川省第十二届人大常委会第十九次会议决定，广安等13个设区的市人民代表大会及其常务委员会开始行使地方立法权。自此，广安步入了法治建设的快车道。

为深入贯彻"依法治国"基本方略，用好地方立法权，广安市人大常委会市人大常委会多次召开会议专题研究部署。经过多方调研、充分论证，在报请市委同意后，广安市人大常委会决定采取"启动立法一批、开展预研一批、前期论证一批、规划备项一批"的立法思路。由于地方立法条例是地方开展立法活动的基本准则，因此，我市人大常委会对《广安市制定地方性法规条例》进行了立项，围绕其开展立法工作。

二、做法

1. 坚守上位法的底线，绝不越俎代庖

我国作为单一制的社会主义国家，法制统一是原则性、根本性的要求。市人大常委会在制定《广安市制定地方性法规条例》的过程中，对提案主体资格、人代会会议、常委会会议、主任会议职责、法制委统一审议、表决通过标准、法规公告发布等事项，力求做到不增不减、不抢不压，始终与上位法保持高度一致。例如我市的立法条例没有政府规章制定条款，因为《中华人民共和国立法法》第八十三条明确规定："国务院部门规章和地方政府规章的制定程序，参照本法第三章的规定，由国务院规定。"《中华人民共和国立法法》规定了政府规章制定专属权在国务院，地方人大不能规定也无权规定。广安市人大常委会领导在工作中反复强调：与上位法不抵触，是地方立法的红线和底线，是上级人大批准地方法规时审查的重点，也是地方人大在立法过程中必须遵循的首要原则。

2. 坚持以问题为导向，力求有的放矢

能否做好地方立法工作直接影响到地方经济社会发展的好坏。要强化问题意识，在立法工作中坚持问题导向。市人大常委会始终以此为圭臬，把发现问题、分析问题、解决问题作为出发点和落脚点。例如：为更好地开展此次立法工作，市人大常委会成立了立法项目组，安排人员专门负责梳理出台地方立法条例需要注意的问题、采取的措施，以及上位法有哪些禁止性规定等。该项目组先后梳理问题3次。经过激烈的会议讨论，问题由最初的25个精简为最后的13个，为地方立法条例的最终出台夯实了基础。此外，在立法条例的起草过程中，项目组还多次向社会公众征集意见，根据征集到的意见，召集各专委会、各部门、各位专家学者进行集体讨论。大家积极建言献策，协助梳理问题，保证了草案的顺利形成。

3. 坚持实用性的定位，体现广安特色

面面俱到的法规固然好看，但是对于设区的市来说好不好用、实不实用才是关键。我市人大在制定立法条例时，没有采取《中华人民共和国立法法》和四川省立法条例中的立法规划的做法。大家一致认为，由于时间跨度长、形势变化和领导变动等原因，难以保证五年立法规划的科学合理性，也难以贯彻落实。因此，在经过反复讨论，征求了各方意见后，我市人大决定采用项目库制度予以替代。另外，在一般规定方面，对于上位法已做详细规定的，不再重复表述，援引条款一笔带过；对于没做详细规定、需要根据市情灵活安排的，则进行探索性地补充和细化。我市在制定立法条例时探索性地做出一般规定加特殊规定的结构安排，既符合广安市情，又遵循了上位法原意，以浓厚的广安特色在全国众多地方性法规中独树一帜。

三、启示

我市获得立法权的时间较短，市人大常委会通过不懈努力，在短短一年多时间里，不仅圆满完成了既定的立法目标，同时也给其他市州提供了不少借鉴。

其一，党的领导是做好地方立法工作的根本保证。立法作为国家的重要政治活动，必须始终坚持党的领导。就地方立法工作而言，坚持党的领导就是要在同级党委的领导下，充分发挥地方人大及其常委会的立法主导作用，努力形成"党委领导、人大主导、政府依托、各方参与"的立法工作格局，不断开创地方立法工作的新局面。要妥善处理好坚持党的领导与发挥人大主导作用的关系，始终围绕市委确定的中心工作开展立法活动，坚持就立法重大事项和问题主动向市委请示报告。只有坚持党的领导，才能保证立法工作沿着正确的方向继续推进。

其二，良好的机制是做好地方立法工作的重要依托。立法工作是一项系统工程，需要各项机制合力保障，因此，建立和完善相关工作机制至关重要。一是要建立和完善立法规划或立法项目库机制，在法规立项上要契合地方党委政府的总体布局，满足地方经济社会发展需要。二是要建立和完善法规起草机制，在法规起草过程中严守上位法的底线，绝不逾越红线。三是要建立和完善法规说明机制，对于争议较大的法规案，可以先召开说明会、讨论会等，让争议者在比较轻松的氛围中发表意见。

其三，充分利用立法资源是做好地方立法工作的关键环节。立法不单单是人大的工作，它需要外界各方的参与和协助。因此，市级人大在立法过程中要注意协调各方关系，充分利用好现有立法资源。一是要利用好公众资源。要建立立法参与机制，保证社会公众参与地方立法工作。正所谓"知政失者在草野"，要重视民意的收集，建立畅通的民意表达渠道，了解人民群众的诉求和建议，并有针对性地在法条中表达出来。二是要利用好学术资源。要依托区位优势，与当地或者外地的法学高校、研究所建立合作关系，利用专家学者的学术影响力做好立法工作。三是要与上级人大保持紧密联系，在立法工作中多请求上级人大给予业务上的指导，确保地方立法顺利通过备案审查。

报送单位：广安市人民代表大会常务委员会

执笔人：唐继正、袁琳

汇聚统战智力　助推地方发展
——开展坚持和发展中国特色社会主义学习实践活动武胜基地建设的探索与实践

早在 2013 年，武胜县便与省内各民主党派人士结下了不解之缘，被定为四川省各民主党派坚持和发展中国特色社会主义学习实践活动基地。自此，四川省委统战部牵头组织各民主党派省委大力支持和帮助武胜发展，取得了显著成效，画出了最大最美同心圆。

一、背景

2013 年 11 月，四川省委统战部印发《四川各民主党派开展坚持和发展中国特色社会主义学习实践活动的意见》，明确将武胜县作为全省各民主党派开展坚持和发展中国特色社会主义学习实践活动基地，由省委统战部牵头协调，四川各民主党派省委与中共武胜县委开展共建，力争把武胜基地建设成为四川省各民主党派学习实践活动思想教育基地、民主党派中青年骨干人才培养实践锻炼基地、民主党派助推县域科学发展成果展示基地和贯彻落实统一战线方针政策试点示范基地。四年来，通过各方共同努力，武胜基地建设谱写了汇聚统一战线智慧力量、助推地方经济社会发展的新篇章。

二、做法

1. 实施"五个一夯基工程"，打造民主党派学习实践活动思想教育基地

一是整合邓小平故里、武胜白坪飞龙新农村示范区等爱国主义教育基地、红色旅游资源，深挖本土资源，开设"邓小平与中国改革开放"特色精品课程，为开展革命传统教育、爱国主义教育、中国特色社会主义教育和改革开放教育打造一条精品教学线路。二是建设一个多党合作陈列展示馆——"同心共筑中国梦"展示馆。三是完善和落实"一党派、一品牌、一区域、一领域、

一贫困村"机制，打造武胜电商产业园、宝箴塞旅游区、同心广场等一批合作共建的成果展示阵地。四是完善一个统战工作综合区，为各民主党派、工商联和知联会等统一战线各单位安排专门办公楼，实行集中办公，建设同心苑、统战文化长廊。五是建设一个有利于凝聚共识的思想教育基地，探索县级社会主义学院建设模式，建设武胜县社会主义学院暨四川省社会主义学院武胜教学基地，建设同心林、同心廊道，打造统一战线活动教育基地。

2. 实施"三个七"人才计划，打造民主党派中青年骨干人才培养实践锻炼基地

一是实行"双向互派"，每年由省委统战部选派7名中青年骨干到广安任职，增加基层工作经历，帮助地方工作。同时，广安市也选派相应数量中青年干部到省委统战部和民主党派省委机关挂职锻炼，增长见识。二是突出智力优势，每年安排70名党外专家学者到广安调研，为地方经济社会发展提供政策、技术和信息咨询服务。三是扩大对外影响，每年组织700名民主党派成员、无党派人士到广安学习培训、参观考察和实地调研，扩大广安和武胜的知名度、影响力。

3. 开展"四个一"助推发展活动，打造民主党派助推县域科学发展成果展示基地

一是每年开展一个政策项目对接助推活动。民主促进会省委邀请中科院专家帮助武胜县启动"产业转型升级、创新驱动发展"项目对接活动；农工党省委帮助武胜县成功争取"五排水水库中型灌区配套改造"省级试点项目。二是每年开展一批民主党派企业家同心创业行动。各民主党派省委和省工商联多次组织企业家到武胜开展项目投资考察，积极促成一批招商引资项目落地开工。三是每年开展一次助推武胜县域发展建言献策活动。民盟省委组织有关专家召开嘉陵江（武胜）生态经济示范带规划咨询会；民建省委在武胜县召开"非公经济前沿问题"研讨会。四是开展"一党派、一品牌"创建活动。各民主党派发挥自身优势，围绕白坪—飞龙新农村示范区等7大重点区域，分别确定推进一个重点区域建设，为县域经济发展提供强有力的支撑点和增长极。

4. 开展统战工作示范县创建活动，打造贯彻落实统一战线方针政策示范基地

武胜县作为全省各民主党派学习实践活动基地，深入学习贯彻党的十九大精神、习近平新时代中国特色社会主义思想，认真落实中央、省委和市委有关会议文件精神，有力有序有效推进全县统一战线主动作为、争创一流。通过近年来的努力，武胜县委统战部打造了工作亮点，取得了可喜的成绩，连续两年

被省委统战部评为"全省县级统战工作先进单位""全省统战信息工作先进单位",被省政府授予"四川省第七次民族团结进步模范集体"称号。同时,沿口清真寺被中央统战部、国家宗教局评为"第三届全国创建和谐寺观教堂先进集体",民盟武胜县委被民盟中央表彰为"机关建设先进单位""坚持和发展中国特色社会主义学习实践活动先进集体"。武胜县工商联连续两年荣获全国"五好"县级工商联。

三、启示

武胜基地建设为统一战线发挥作用、服务发展做了探索、积累了经验、提供了示范。我们认真总结武胜基地建设取得的工作成绩,得出以下几点启示:

其一,增强统一战线"法宝"意识,着眼全局站高谋远。实践一再证明:统一战线是夺取革命、建设、改革事业胜利的重要法宝;也是增强党的阶级基础、扩大党的群众基础、巩固党的执政地位的重要法宝;更是全面建成小康社会、加快推进社会主义现代化,实现中华民族伟大复兴中国梦的重要法宝。

其二,统一战线要发挥独特优势,主动作为,争创一流。统一战线具有人才荟萃、智力密集、联系广泛、位置超脱的独特优势,承担掌握政策、安排人事、协调关系、理顺情绪的重要职能。我们要始终坚持围绕核心、服务大局,充分发挥统一战线独特优势作用,当好党委的参谋助手,正确认识和妥善处理党政关系、阶层关系、民族关系、宗教关系和海内外同胞关系,促进社会和谐稳定,为推动地方经济社会发展凝聚人心、汇聚力量。

其三,发挥小平故里政治优势,感恩思源,泽被后世。邓小平是中国改革开放和社会主义现代化建设的总设计师。中国的发展得益于小平,广安的发展更得益于小平。近年来,广安市充分发挥邓小平故里的独特政治优势,以感恩、思源为主题深入开展"感恩小平·我为小平家乡发展做贡献""感恩小平·我为川渝合作示范区广安片区建设做贡献""感恩小平·名医伟人故里行"等活动。

报送单位:中共广安市委统一战线工作部
执笔人:张建春、袁琳

文化建设类

岳池县全媒体工程的探索发展

传播党的声音，关注百姓期盼，让每一篇报道，都带着温度，传递一种民生情怀。2016年3月，岳池县启动全媒体工程建设，在媒体内容、渠道、平台、经营、管理等方面探索创新，推进媒体融合发展，着力打造一个集网络、电视、手机等为主要载体的全新宣传平台，在新闻宣传上实行一次采集、多元发布的工作模式，让社会各界可以多渠道了解岳池、关注岳池，不断提升岳池的知名度和影响力。

一、背景

全媒体是传媒行业在新旧媒体的冲击交融中，探索媒介发展的产物。岳池县把全媒体工程作为党建五大工程之一，县委召开专题会研究，县委领导多次深入建设现场指导，并在人力、财力等方面给予支持。县委宣传部更是秉承创新、务实的精神，克服困难，在提升新闻传播水平和舆论引导能力上下功夫，全新设计打造了岳池县全媒体中心，建起了网站、手机报、微信和微博公众号。各类媒体编辑、记者更是敬业工作，把视角聚焦于百姓，把版面留给百姓，在传播新风正气中弘扬了主旋律、正能量，彰显了媒体人的为民情怀。

二、做法

1. 服务群众纳入设计理念

"硬件建设要实现'三心合一'，方便服务群众。"2016年4月，全媒体工程建设之初，岳池县委主要领导要求全媒体体验中心、新闻发布中心、网络舆情指挥中心要融合共建，实现"三心合一"，要在服务群众上探索创新。为此，岳池县委宣传部牵头组织县委办、政府办以及县纪委、财政、审计等部门对全媒体工程项目设计预算进行审核，开展比选，确定了项目设计单位和施工单位。

"设计大气、现代感强，服务功能多。"2017年4月，一位省里来的客人在参观了岳池全媒体中心后，对该中心十分赞赏，认为岳池花100多万元办了别的地方花500万元才能办的事，而且总体感觉更有现代传媒的气息。

2016年5月，岳池全媒体中心和四川新闻网麻辣社区合作，建立了县舆情服务指挥系统，使舆情信息收集更加便捷高效，也可在第一时间将群众的诉求、呼声发布到相关部门、乡镇领导的手机上，并跟踪报道部门、乡镇处置、解决、办理的情况，将其及时反馈给群众，引导网民理性上网、客观发声。

目前，全媒体中心不但能提供电视问政、访谈和新闻发布、业务培训等服务，还可提供电子阅报、扫码照相以及浏览《岳池手机报》、岳池翔凤网、岳池发布等服务。

2. 助民为民实现三媒互动

"爱是一种听得见的声音。"2016年4月9日，岳池县委宣传部官方微博——岳池发布以图文并茂的方式发布了一条爱心求助信息，为一对同时患癌症的父女开展爱心募捐。信息发布后，岳池翔凤网、《岳池手机报》等及时转发，互动发声，一些网友也纷纷转发，不到两天时间，就为他们募集爱心款10多万元。

"为患癌父女募集爱心，发挥媒体的力量，体现的是我们媒体人的一种民生情怀。"该中心一名记者如是说。如今，岳池全媒体中心开办了《岳池手机报》，推出了"封面热读""今日岳池"等栏目，及时权威发布县内重大活动、重点工作以及各类生活资讯等，为全县2.3万余名财政供养人员及村、社区"三职"干部星期一至星期五每日发送一次《岳池手机报》信息；新建了岳池翔凤网，该网站以弘扬主旋律、正能量为宗旨，重点传播党的声音，关注百姓所需所盼，为群众提供网络服务，引导网民发声，掌握网上舆论话语权；开通了"岳池播报"微信公众号、"岳池全媒体"手机应用程序和新浪官方微博"岳池发布"等。中心工作人员在工作中运用这些宣传平台，立足岳池元素，以生动活泼、图文并茂的形式展现岳池县经济、社会、文化发展的方方面面成就，取得了良好的宣传效果，使点击量大幅上升。特别是新浪官方微博岳池发布，可现场及时发布活动新闻，关注百姓话题，反映群众呼声，并对岳池重大活动现场进行微博直播。目前，《岳池手机报》、岳池翔凤网、岳池微信公众号等媒体平台互动发声，积极与网民互动，在宣传推广岳池本土农产品、本地文化活动、节庆活动以及网络服务群众等方面发挥积极的作用。

3. 痕迹管理凸显责任担当

经过几个月的试运行，2017 年 3 月，岳池县正式设立了全媒体中心编制机构。该中心是县委宣传部管理的公益类事业单位，内设办公室、编辑室、记者室、技术股、策划推广股 5 个机构。目前，全媒体中心工作人员有 9 人。

"全媒体中心必须实体运行，每一个媒体人要有责任和担当！"2017 年 4 月，岳池全媒体中心从新闻宣传和推广运营两个方面探索实体运行工作模式，推出"痕迹化"工作模式，每步谁负责都清楚明白，让工作留痕；建立了全媒体中心目标管理制度，明确了每天、每周、每月、每季、每年的工作目标任务。

"平台内容实行一稿三审，每周推出新产品。"面对新的要求，该中心记者不畏辛苦，时常加班熬夜。记者采写的稿件经一审编辑修改后，发责任编辑修改审核，后发选稿平台，供各平台选编，最后由总编审核发布。岳池翔凤网是每篇新闻的首发平台。《岳池手机报》、岳池播报、岳池发布等宣传平台，从岳池翔凤网发布的稿件中选用改编，从而实现一次采集、多元发布，实现新闻资源的利用最大化，解决人员不足、信息量少的问题。

"写稿、改稿、发稿，尽管辛苦，但我们也从中获得了快乐。"该中心一位从事新闻工作 20 多年的编辑说，从事新闻工作是自己的最大兴趣和爱好，现在最大的困惑就是生产制作新的传播产品。为此，该中心加强"两学一做"学习教育，鼓励创新，借力借智，采取"借船出海"模式，充分利用全媒体中心的空间资源和品牌资源，与传媒广告公司合作，制作新产品，推出新栏目，不断提高采编质量和水平。

三、启示

其一，党委重视是关键。岳池推进全媒体工程建设，县委专题研究，还把全媒体工程列入全县党建工程之一。同时，岳池在场地、硬件建设、设备购置等方面加大投入，保障了全媒体工程建设有序推进；在人员编制上给予了支持，新增加了人员编制。

其二，平台互动是核心。媒体在传播党的声音、服务一方百姓上要想做到及时发声，就得用好自己的宣传平台，及时发布活动新闻，关注百姓话题，反映群众呼声，并通过多种方式对重大活动开展宣传，让所有媒体平台互动发声，积极与网民互动，营造全面动员、人人参与的良好宣传氛围。

其三，探索创新是保障。岳池探索实体运行工作模式，为全媒体工程运行提供了保障。新闻宣传中心推出"痕迹化"工作模式、推广运营中心采取

"借船出海"模式、县电视台开启了"双向选岗"模式，从内容生产、运营推广、运行机制等方面探索经验，有效推进了各项工作的开展。

其四，做实内容是目的。内容为王，是媒体发展的成功之道。县电视台实现日报、新媒体每天更新内容。全媒体各宣传平台在内容上各具特色，每天以多元的形式为受众提供各类资讯服务，扩大了媒体的影响力，守好了阵地，服务了百姓，促进了地方经济的跨越式发展。

报送单位：岳池全媒体中心

执笔人：黄汉军、李晓刚

"曲艺之乡"唱响优秀传统文化的强音

岳池县传承着近20个四川曲艺曲种，有20多个民间文艺团体共300多名艺人坚持从事曲艺演唱。2002年以来，岳池县充分发挥优秀民族民间文化优势，通过举办"农家文化旅游节"等有影响的活动，从一个侧面展示出中华优秀传统文化的独特魅力，引起全国文艺界及新闻媒体的高度关注。2007年，中国文联、中国曲协经过考察评估，授予岳池县"中国曲艺之乡"称号。这是中国西部第一个"曲艺之乡"，它为岳池县打造了一张靓丽的名片。

一、背景

岳池置县于唐武周万岁通天二年，迄今已有1 300多年县治历史。族群主要为土著巴人及湖广移民的后裔，土著巴人世代传承的巴蜀文化与移民带入的吴楚文化、中原文化长期相互渗透和有机融合，形成了独具特色的岳池农家文化。民间曲艺艺术，则是岳池农家文化的一种重要表现形式。

岳池自置县时起，即有早期的曲种"说书""货郎调"等在民间流传。在漫长的历史长河中，又先后传承了"四川清音""四川扬琴""四川竹琴""四川荷叶""四川车灯""四川盘子"等曲艺曲种，并培养出吴镜川、覃聚武等巴蜀著名曲艺艺人。20世纪50年代初，岳池县组建了曲艺社团——岳池县曲艺工作者协会，还组建了专业曲艺表演团体——岳池县曲艺队。岳池县的曲艺活动及艺术实力，在川东北有很大的名气和影响。

20世纪90年代后，曲艺艺术受到现代视听艺术的冲击而日益滑坡，不少曲种已自行消亡。但岳池县的曲艺艺人乐于坚守奉献，始终保护着曲艺艺术，故至今仍传承着近20个四川曲艺曲种，仍有曲艺演出团队在民间坚持演出活动。岳池人以唱响中华优秀传统文化的强音，来推动社会主义文化大发展、大繁荣，进而助推岳池经济、政治、文化、社会、生态文明建设的快速发展。

二、做法

1. 加强曲艺文化的软、硬件建设，营造出良好的曲艺文化氛围

2012年，岳池县委提出了"产业强县、文化立县、开放兴县、民生和县"的"四县"建设目标任务，文化是"四县"建设的重要环节。因此，县委县政府决定利用传承和弘扬民族优秀传统文化的大好机遇和已成功创建成中国西部第一个"曲艺之乡"的优势，着力打造"曲艺之乡"品牌。岳池县逐年增加投入，加强曲艺文化的软、硬件建设。在软件建设方面，岳池县组织人员收集、整理、保存本县传统的曲艺曲种的相关文字、图片、音像等资料及实物，建立艺术档案予以保存，并在县宣传文化中心开设了岳池农家文化展览馆供人们参观。岳池县将一些传统曲艺曲种申报列入市、省级"非遗"保护名录予以保护，现已有10个传统曲种列入广安"非遗"保护名录，由曲艺灯调发展形成的"岳池灯戏"和由曲艺拆唱、彩唱发展形成的"岳池曲剧"已列入四川省"非遗"保护名录。同时，岳池县还采用办培训班、鼓励艺人收徒传艺等方式，培养曲艺的后继人才。在硬件设施建设方面，岳池县先后建成"中国曲艺之乡"大牌坊、曲艺碑林、曲艺文化孝道文化长廊、凉亭、展演平台曲苑、吴雪艺术中心、陆游广场等曲艺文化设施，在休闲娱乐场地、旅游景区、曲艺社区、曲艺学校等地制作曲艺文化的壁画、标牌。一些曲艺学校还将莲箫、车灯等曲种演化为学生课间操活动项目。人们走进岳池就有一种走进曲艺之乡的观感。

岳池县城翔凤大道入口处的"中国曲艺之乡、中国农家乐之源"大牌坊

2. 充分发挥曲艺的宣传功能，坚持为人民、为社会主义建设服务，打牢优秀传统文化坚实的群众基础

2012年以来，岳池县组织创作排练大量宣传精准扶贫、宣传道德模范等各个方面展示正能量的节目，每年都下乡进行"文化惠民"巡回演出。岳池曲艺界人士还参与农家红白喜事、商业促销等民间演出活动，丰富了人民群众的文化生活。岳池曲艺界坚持文艺的"二为"方向和"双百"方针，以开展活动来增强生命力，获得良好的社会效益和经济效益。以岳池县曲艺家协会蜀风艺术团为例，2000年该团组建时，仅10余名业余演员，靠借来的5 000元兴家。经过10多年不懈努力，该艺术团已发展为拥有近30万元资产、40多名骨干演员的曲艺演出团体，每年都有近10个新作品、新节目推出，每年演出场次百场以上。岳池曲艺界传承弘扬优秀传统文化的行动，让曲艺在人民群众心中留下良好印象，增强了岳池人打造"曲艺之乡"品牌的决心和信心。

2015年岳池县曲协蜀风艺术团受中央、省曲协委派到乡镇巡回演出曲艺专场节目

3. 组织开展有影响的曲艺展示活动，提升岳池传承中华优秀传统文化的社会影响力

2002年以来，岳池县先后举办了五届"岳池农家文化旅游节"，又与中国曲协合作，先后在岳池举办了三届"'岳池杯'中国曲艺之乡曲艺大赛"，同时举办了三届"全国曲艺之乡曲艺论坛"。中国文联、中国曲协、省市相关领导及中国文艺界著名艺术家先后莅临岳池，各省、市、自治区"曲艺之乡"的曲艺家来岳池登台献艺。岳池通过这些活动吸引全国各地企业、商家代表光临岳池观赏曲艺展演，洽谈、签订招商引资合约，达到了"文化搭台，经济唱戏"的目的。岳池县采用"请进来"的方式，通过优秀传统文化展示活动，吸引全国各界人士多次云集岳池，观赏文化大繁荣景象，同时耳闻目睹岳池各方面的发展变化，不断提升岳池的社会影响力。

第三届岳池农家文化旅游节民间艺术大巡游

4. 组织创作、排练曲艺精品节目参加中国曲协、省曲协举办的各种展演活动，不断提高岳池的知名度

岳池创作编排的四川盘子《思念·月光》
参加第二届"岳池杯"中国曲艺之乡曲艺大赛

2007年以来，岳池县先后组织创作排练曲艺节目《曲乡娃娃爱曲艺》《学堂来了北大生》等参加了第二、四、五、六届全国少儿曲艺大赛，所演节目全部获奖；创作排练的《街坊邻居》《压岁钱》《娃娃闹春》等曲艺节目相继参加了三届中国曲艺之乡曲艺大赛，所演节目全部获奖；创作排练的曲艺节目《第一书记进村来》参加了第二届中国西部优秀曲艺节目展演。岳池改编排练的荷叶《秋江》赴法国巴黎参加了中法文化交流演出并荣获银奖，荷叶《娃娃闹春》代表四川省赴京参加曲艺专场演出，获得在场专家一致好评。岳池

撰写的曲艺论文相继参加了三届中国曲艺之乡曲艺论坛和第四届"中国曲艺高峰（柯桥）论坛"并被评为优秀论文。岳池采用"走出去"的方式，组队多次参加全国性曲艺展演活动，取得较好的成绩，进一步提高了岳池的知名度，使岳池县成为"中国曲艺之乡"中的佼佼者。

三、启示

其一，岳池县弘扬以曲艺为代表的中华优秀传统文化来推动社会主义文化大发展、大繁荣，取得良好效果。这个事例证明了先进文化在民族伟大复兴中的引领作用，说明文化是民族生存和发展的重要精神力量。它使我们深刻认识到：民族复兴需要强大的物质力量，也需要强大的精神力量。

其二，曲艺是中华优秀传统文化百花园中的一朵奇花。中华优秀传统文化独具特色、博大精深，是五千年文明发展中孕育出来的中华民族最深沉的精神追求和独特的精神标识。从岳池传承弘扬曲艺艺术来推进岳池建设的事例中，我们深刻认识到：优秀传统文化是中华民族生生不息、发展壮大的丰厚滋养，是中国特色社会主义植根的文化沃土，是当代中国发展的突出优势。我们应当以习近平总书记就文化工作的系列重要讲话精神为指导，认真贯彻《中共中央关于繁荣发展社会主义文艺的意见》和《中共中央办公厅、国务院办公厅关于实施中华优秀传统文化传承发展工程的意见》，做好中华优秀传统文化的传承和发展工作，做好非物质文化遗产的发掘、整理和保护工作。

其三，岳池的曲艺艺术能代代传承至今，在当今的信息时代仍有生存的空间和活力，是因为岳池人在不断探索艺术革新之路，坚持在保留传统曲种基本特色的基础上，融入时代元素，打造出适应现代观众审美要求和欣赏水平的曲艺节目，受到群众喜爱和拥护。它使我们深刻认识到：传承中华文化要古为今用、洋为中用，辩证取舍，推陈出新，摒弃消极因素，继承积极思想，实现中华文化的创造性转化和创新性发展。

报送单位：岳池县文化馆
执笔人：邓庆贵、李晓刚

武胜县"四课同创"
整体推进基础教育课程改革

2010年以来,武胜县积极开展区域性基础教育课程改革实践,在办好人民满意教育路上进行了有益探索,受到社会的广泛赞誉。武胜县整体推进基础教育课程改革"四课同创"实践项目,在2011年被列为四川省教育体制改革试点项目,在2015年被广安市人民政府列为教育领域综合改革推广项目,引起众多媒体的关注和报道。重庆、新疆等地多批教育代表团先后到武胜参观、考察课程改革工作。

一、背景

武胜县位于四川省东部,是一个拥有85万人的传统农业大县。全县有各级各类学校242所,在校学生10余万人。多年来,教育资源不足、教学手段落后、创新能力不足等一系列问题严重制约着武胜教育的持续发展、全面发展和均衡发展。2010年春季,武胜县启动了以"以技术升级为抓手,实现城乡教育均衡发展;以'四课同创'为载体,促进师生素质全面提升"为总体目标的新一轮基础教育课程改革,全面探索创建农村县域教育新模式。"武胜课程改革是全方位、立体式、专业化的改革,是一个优秀典型。"国家新一轮基础教育课程改革重大决策研究参与者、著名教育专家成尚荣先生把武胜推进课程改革的经验、做法概括为"武胜模式"。

二、做法

1. 常态课研创优质

"我们要以县教研室的科研力量为主,采取'以母带子'的方式带动教师参与科研;一线教师以教学活动中的细小实际问题为目标,以备课组为单位,通过调查、筛选、对比、分析、反思，提炼成微课题，进行'三人一组'式微课题研究；学校常规教研针对教学重点、难点，先听课，再评课，后磨课，最终形成教案以及'研磨联动'的集体备课模式……"这是武胜县教育局领导讲得最多的，下校督查、指导得最多的工作之一。

课程改革实施以来，武胜县教育局出台了《教育科学研究课题管理办法》《教育科研课题管理程序》《教学成果奖励办法》等一系列文件，把课题研究作为教育教学工作的重要支撑，把课题研究作为提高教学质量的重要手段，以课题研究促教学。武胜县通过一系列组合拳，调动全县教师参与课题研究的热情，达到了校校有课题、20%的教师参与课题研究、研究成果又指导教育教学的目的。全县共获各级科技进步奖、教学成果奖、校本成果奖300余项。2010—2016年武胜县在研课题统计表见下图。

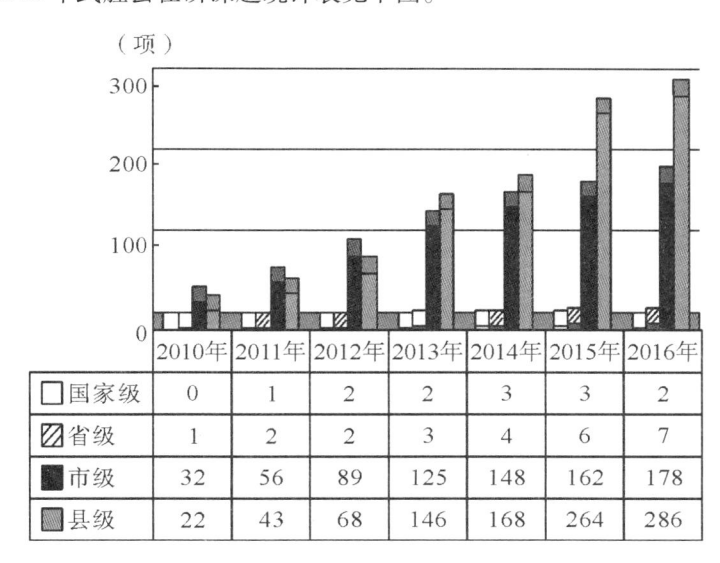

	2010年	2011年	2012年	2013年	2014年	2015年	2016年
国家级	0	1	2	2	3	3	2
省级	1	2	2	3	4	6	7
市级	32	56	89	125	148	162	178
县级	22	43	68	146	168	264	286

2010—2016年武胜县在研课题统计图

2. 自主课堂创高效

师：你喜欢南方的雪还是北方的雪？

生1：北方的雪虽然坚硬、冰冷，但这就是现实，我喜欢作者敢于面对现实。

生2：我喜欢北方的雪，它有不屈不挠的斗争精神。

师：我以为她会喜欢南方的雪，因为她是一个娇小聪颖的女生。（众生笑）

生3：我也喜欢北方的雪，它孤傲但是坚强。

师：大家都喜欢北方的雪，南方的雪很不幸啊！（众生笑）

生4：我喜欢南方的雪，南方的雪平和、恬静、充满生机、让人喜欢。

生5：我也喜欢江南的雪，很柔美。

…………

这是在飞龙初中进行的一堂随堂课。课堂上，学生冷静地思考，热烈地讨论，积极地交流，自信地展示；教师睿智地观察，适时地点拨，巧妙地引导，中肯地评价。在武胜，在自主课堂创高效理念的指引下，任何一堂随堂课，都已让传统的"讲堂"变成以学生为中心的"学堂"，学生智慧在这里不时碰撞出耀眼的火花，孩子们在课堂上个性张扬、幸福成长。

武胜把"三活"高效课堂作为课堂建设的目标，构建开放、自主、互动、高效的常态课堂。各学校根据学生的学习基础、兴趣爱好、个性特长等因素，将学生分成若干学习小组，并建立起一套完善的激励机制，让学生合作共享、多元展现学习成果，使教学活力、学习活力在课堂教学中得到充分展示。各学校创新推广成熟的教学模式：沿口镇小学的"三环五步"、乐善中学的"导启自主"、万善初中的"361"、沿口初中的"四七四"研读导航、华封初中的"见、议、思、迁"四环八步等"三活"高效课堂模式。全县大多数学校逐渐形成了"既有模而不唯模"的高效课堂新局面。

"三活"高效课堂

3. 阳光课间创活力

每当阳光大课间活动的信号响起，孩子们秩序井然地走出教室，迈着矫健的步伐，快速整齐地站在指定位置，伴随着动感音律，十路变八路、正方形队列变圆形队列、红色太阳花变黄色太阳花。学生和教师横成行、竖成排、斜成线，整齐划一。在自由活动阶段，呼啦圈旋转如风，跳绳的绳如彩虹，篮球如影随身，青春的活力在跳跃的脚步间尽情绽放。阳光大课间活动让三溪小学的校园绽放出耀眼的运动之花。

"大课间活动不仅要让学生动起来,也要让教师动起来。"这是县教育局定下的"铁规"。刚开始时,新学小学一位临近退休的老教师向学校领导诉苦:"我动作缓慢,姿势不协调,常常让周围的学生忍不住笑。从明天起我就不参加了。""这绝对不行!"学校领导硬是"逼"他去锻炼。"才坚持一个学期,效果就出来了,'啤酒肚'也跳没了。更重要的是和学生的心理距离更近了,教育起来更有效果了!"如今,尝到甜头的这位老教师乐呵呵地说起阳光大课间带给他的真实感受。

武胜县教育局把阳光课间活动纳入课程序列管理,做到有计划、有组织、有内容、有考核,学生到齐、教师到位、领导到场,上午40分钟、下午20分钟,形成春季、冬季、晴天、雨天四种不同模式。师生齐锻炼,践行"每天锻炼一小时,健康工作五十年,幸福生活一辈子"的生活目标。阳光大课间活动分为广播操、课间操、趣味游戏和自由活动四大板块,各学校因地制宜自主开发内容丰富、形式多样、特色鲜明的活动项目。全县学校已开发出国学操、交警操、花环舞、扇子舞、兔子舞、竹竿舞以及钻山洞、叠罗汉、踩高跷等30余种师生喜闻乐见的活动形式。很多学校将《爱我中华》《走向复兴》《黄河大合唱》等歌曲和《论语》《弟子规》《三字经》等经典诵读作为背景声音贯穿大课间全程,让爱国主义、传统文化教育入耳入心,达到寓教于乐、潜移默化的效果。

城南小学阳光大课间活动

4. 多彩课外创特色

"经过训练,我的孩子改掉了懒散的坏习惯,学会了生活自理,懂得了团结互助。"这是大多数把孩子送到中国工农红军广安武胜红军小学参加综合实践活动后的家长说得最多的。在这里,孩子们通过"真人CS""勇闯八桥"

"皮筏艇""攀岩""陶艺制作""服装设计""推豆花""烧烤"等30余种活动项目,接受集科普教育、环保工艺、文体活动、生活技能、生存磨砺、国防军事六类课程为一体的校外实践教育。

"修惧属九天严寒,且看蛟龙舞九天。"在铿锵雄浑的《男儿当自强》音乐的伴奏下,20名英姿飒爽的少年男女舞着两条蛟龙上场,男女分队组成的两条蛟龙时而并列前行,时而交错叠加,时而盘旋直上。在蛟龙表演后方,10余名学生屏气凝神、专心致志、一撇一捺、一剪一刻,或书写不同形体的"龙"字,或剪刻不同姿态的龙状彩纸,在静心中体味龙的神韵,品读龙的精神,激励心中豪情。这是飞龙初中励志龙文化"3+N"特色兴趣小组活动现场。

俯卧撑跳、跑跳绳、车轮跳、双摇编花……跳绳队的花样跳绳堪比杂技表演,这是中华小学"3+N"跳绳兴趣小组活动现场。伴随铿锵有力的鼓点,孩子们翩翩起舞,这是鼓匠小学"3+N"鼓舞文化兴趣小组活动现场……

"3+N"活动之科技制作

多彩课外"3+N"活动("3"指的是2项体育运动技能和1项艺术特长,"N"指的是多项劳技、科技等方面的技能)实施课程化组织、社团化管理,每周安排2至3节课集中进行,让学生"三自四定",即"自主参与、自主选择、自主管理,定时间、定地点、定教师、定内容",让学生拥有充分的选择自由和活动空间。每个学校立足于地方乡土文化、人文底蕴发展个性化教育,打造"一校一品",如今已拥有特色教育,如沿口镇小学的川剧、民族小学的器乐、城南小学的阳光体育、旧县小学的剪纸艺术。桥亭小学开展蔬菜种植、闲置物品拍卖等特色活动，成为全县素质教育的典范。

三、启示

武胜县整体推进基础教育课程改革"四课同创"实践项目，为农村地区整体推进基础教育阶段课程改革，对教师专业成长、课堂教学策略及评价、学生身心健康体系的建立等方面提供了有益的借鉴。

其一，农村地区课程改革的顶层设计必须符合国家教育改革的发展趋势。武胜教育人立足实际，着眼长远，抢抓教育发展机遇，按照党的十九大"落实立德树人根本任务，发展素质教育，推进教育公平，培养德智体美全面发展的社会主义建设者和接班人"的重要要求，既深化体制改革，又推进机制创新，对"武胜模式"进一步充实升华，为县域农村教育改革树立了新的典范。

其二，改革必须循序渐进，做到抓铁留痕。武胜自2010年春季以"同课同创"为突破点启动课改以来，在14所课改样本校和24所课改重点校样本班进行试点，进行了多年的实践探索，总结提炼了部分经验，然后在县域内整体推进，最终遍地开花。武胜教育人经过科学实验、分步实施、区域联动，追逐教育理想，实现了教育均衡发展。课改春风吹拂之处，满园春色，尽是芬芳。

报送单位：武胜县教育科技体育局
执笔人：唐君、汤继光、李晓刚

武胜剪纸艺术的传承与发展

在数以万计的文化艺术门类中，剪纸是其中之一。这种来源于民间，活跃于民间的艺术形式，现不仅成为武胜人创造美、展现美，表达心理意识、感情气质和审美情趣的特有形式，更因其独特的艺术魅力，成为文化繁荣发展的重要载体，积极助推了全县政治、经济、社会、生态的协调发展，武胜亦因此荣获"中国民间文化艺术（剪纸）之乡"的美誉。

一、背景

武胜剪纸系四川剪纸两大流派（另为自贡剪纸）之一。早期剪纸主要与县内民俗活动相连。如新春之际，人们用其装饰窗户、彩灯；婚嫁之时，人们用其做枕头、帐帘、布鞋等模型。抗战时期，河北民间剪纸艺人康文清因避战乱随夫回武胜定居，将北方剪纸艺术带入武胜，为武胜剪纸融入了新的元素，注入了新的活力。20世纪五六十年代，以康文清为代表的民间剪纸艺人创作了大量展现时代风貌、具有浓郁生活气息和地域特色的艺术作品。《保卫祖国》《大办农业》《五业并举》《喜庆丰收》《姐姐爱妹妹》《做咸菜》《养蚕》等50余件作品先后在《人民日报》《四川画报》《四川剪纸集》等刊物发表。1962年，王成芝（年仅11岁）的《和平》被文化部选送日本参加世界儿童画展。四川省农村文化工作室编辑出版的《四川民间剪纸集》一书，曾收集武胜剪纸艺术作品百余幅。

随着社会的发展和人们文化生活方式的改变，一些传统文化艺术受到极大冲击，武胜剪纸也不例外。进入21世纪后，县内从事和进行剪纸创作的人员逐渐减少，剪纸艺人队伍也逐渐萎缩，剪纸艺术濒危。

《坝坝宴》（谭志君创作）

《泡菜》（康文清、唐天谷创作）

二、做法

1. 制订保护规划，促进传承发展

为使武胜剪纸能得以很好地传承，并在传承中创新，在创新中发展，武胜县委、县人民政府制订了武胜剪纸保护、传承、发展的长远规划，落实了保护措施和专项保护资金；组建了保护工作领导小组和专业艺术团队；在做好县内剪纸作品收集、整理、录音、录像、理论研究的同时，完善了武胜剪纸"历史渊源、传承谱系、分布区域、历史文献、当前状况、传承人员"等资料库建设。2007—2009 年，县、市、省人民政府先后将武胜剪纸列为非物质文化遗产保护名录。

2. 做好基地建设，加强推广普及

一是做好培训与推广。为加强非物质文化遗产的保护与传承，武胜县成立了非遗保护中心，建立了武胜剪纸"非遗传习所"。传习所采取集中培训、个别辅导、师承带教等方式，积极培养了一大批剪纸新秀。2007—2015 年，武胜县举办了 10 余期武胜剪纸培训班，培训学员 500 余名，编辑出版了《武胜剪纸》《武胜县师生剪纸作品集》，编印了初、中、高三个层次的中小学生剪纸教材；培育了旧县、华封、飞龙等数十所"剪纸艺术特色学校"。

二是加强联合与普及。武胜县非遗中心与机关、企事业、村镇及社区联合，在群众生活、工作、休闲等场所，镌刻表现力强、富有情趣的剪纸作品；同时定期对文化艺术保护、传承进行大力宣传，征集群众创作的剪纸、摄影等艺术作品。如武胜县非遗中心与县检察院联合编辑出版的《检察》杂志，每期均刊载检察系统干部职工的剪纸作品；在飞龙镇卢山村（胡家大院）、宝箴塞（段家大院）等地建立剪纸文化大院，院内建筑物墙壁、房内装饰等均镌刻有大量反映群众生产、生活、理想信念、情趣追求的剪纸作品。武胜县非遗中心与机关、企事业单位、村镇及社区联合举办的相关活动，不仅丰富了人们的文化生活，提升了群众的文化修养，更使剪纸艺术得到进一步升华。

3. 打造品牌文化，扩大对外交流

为进一步扩大武胜剪纸的社会影响力，让更多人知晓武胜剪纸，领略武胜剪纸的艺术魅力，武胜县委县政府及文化部门利用非物质文化遗产节、世界博物馆日、嘉陵江龙舟旅游文化节等契机成功举办了多次"剪纸作品展"，展出并评选了一批具有突破性、超越性的剪纸艺术精品。

武胜剪纸亦多次代表省、市参加国际非遗节、文博会、世博会的现场展示展演活动，取得了极为优异的成绩，如荣获第四届非遗节"中国文化遗产保护最高奖——太阳神鸟"最佳展览奖，第九届北京文博会最佳展览奖，第十一届深圳文博会、第十四届渝博会最佳组织奖。2014 年，唐天谷创作的"讲文明树新风践行社会主义核心价值观系列公益广告"荣获"中国报业践行社会主义核心价值观原创公益广告最佳作品奖"；2015 年，谭志军创作的《出征》、胡红玲创作的《烟波浩渺太极湖》荣获四川省委宣传部、省文学艺术界联合会举办的"看四川——民间文艺创作工程"优秀创作奖（最高奖）。

为扩大对外交流，武胜县文化部门多次组织剪纸艺人或专业创作团队外出参观学习和创作交流，如：到云南豆沙关向民间艺人学习；与美国康科德中学师生进行剪纸技术和创作交流；与成都、重庆、西安、广州等市文化部门联合举办剪纸作品巡回展；应邀赴湖北省仙桃市参加了"中华纸韵"全国剪纸交流展示；参加由国务院新闻办公室、中国驻哈萨克斯坦大使馆等主办的"感知中国"系列文化活动，到哈萨克斯坦进行艺术交流活动。一系列的对外交流活动，不仅扩大了武胜剪纸的社会影响力，也为打造武胜特色文化品牌、推动文化强县战略，促进精神文明建设和经济发展提供了良好的文化环境。

2016年8月，武胜剪纸团队赴哈萨克斯坦
参加"感知中国——哈萨克斯坦行"交流活动

三、启示

近年来，武胜大力实施"文化强县"战略，充分挖掘、发挥民间文化艺术在社会经济建设中的作用，为促进文化的大发展、大繁荣提供了有益的借鉴。

其一，民间艺术要繁荣发展，政府重视与引领是保障。民间艺术的保护与发展不是一朝一夕的事情，也不是单靠个人或某一部门就可以完成的。政府在文化遗产的保护、传承、利用上起着主导的作用。唯有政府重视与引领，才可以整合所有的社会资源，解决民间艺术保护传承、创新发展中所遇到的困难，为文化的繁荣发展提供政策、经费、组织等保障。

其二，民间艺术要生机蓬勃，平台建设是关键。民间艺术的传承与创新，除了政府主导之外，还需借助传习所、文化大院、民间文艺展览展示等活动，为文艺的发展提供展示与交流的平台，同时通过形式多样、异彩纷呈的展览展演展示与交流，促进民间文艺的蓬勃发展。

其三，民间艺术要薪火相传，培养传承人是基础。随着社会的发展和群众文化生活方式的改变，一些传统艺术面临着人才短缺的困境。一些身怀绝技的民间艺人出现断层，许多优秀的民间文艺在时代的潮流中逐渐被民众遗忘。所以，培养优秀的民间文艺传承人、激发他们的创新意识是民间文艺创新和发展的基础。

报送单位：武胜县文化馆
执笔人：郑仁荣、李晓刚

弘扬社会主义核心价值观 共建文明新农村

——武胜观音桥村发挥社会主义核心价值观推进乡村振兴纪实

武胜县三溪镇观音桥村原属省定贫困村，在省市县各级各单位的帮扶下，努力挖掘传统文化、传承良好家风，总结提炼出社会主义核心价值观的积极因子，积极弘扬社会主义核心价值观，促进了乡风文明，助推了各项工作。观音桥村摘掉贫困村帽子，成为国家4A级景区白坪——飞龙乡村旅游度假区的重要旅游景区，获得了全国第四批传统保护村落、四川十大幸福美丽新村、四川十大生态乡村等荣誉。

一、背景

三溪大地，古有廉政官吏车申田，为民办实事，修建车家湾驿道，民众受益至今；近有三溪起义，涌现出蒋可然等革命先烈，为三溪大地注入红色基因；今有奇观三溪渡槽，展示了20世纪70年代农田水利建设中武胜人民人定胜天的精神面貌……在他们的感召影响下，观音桥村形成了淳朴民风，涌现出了一批令人感动、受人尊重的平凡的乡贤好人。

继中央2005年提出新农村建设战略后，党的十九大做出实施乡村振兴战略的重大部署，明确了"产业兴旺、生态宜居、乡风文明、治理有效、生活富裕"的奋斗目标，为解决"三农"问题提供了总方略、总抓手。乡村振兴关键在人，将乡风文明作为乡村振兴的重要内容，体现了乡村建设的灵魂所在。而建设乡风文明就需要培育和践行社会主义核心价值观，发挥村民践行核心价值观的主体作用，推进乡村振兴。"把社会主义核心价值观融入景区建设、融入农家生活、融入家庭教育，观音桥村培育弘扬社会主义核心价值观的创新做法值得我们学习。"2017年10月30日，参加广安市社会主义核心价值观现场推进会的与会代表，参观武胜县三溪镇观音桥村社会主义核心价值观现场点后发出这样的感慨。

二、做法

1. 晒家训，好家风培育出好民风

2015年，年近70岁的陆昌俊搭上国家新村建设的政策，与42户村民搬进了朝门新村。"住上了好房子，过上了好日子，还得养成好习惯，形成好风气。"一直以来，陆昌俊以家规家训严格要求自己及家人，几乎没与人发生争吵，不管遇到什么烦心事，总能找到和气解决的办法。陆昌俊认为，家风家训有助于推进村民养成好习惯、形成好风气。有了这一想法，他便主动晒出了自己的家训："孝老爱贤，爱幼乐施，举止稳重，语言文明。"

看到陆昌俊家晒出了家训，搬进新村的村民们纷纷响应。80多岁高龄的陆大连夫妇的家训："不求家财万贯，但求健康平安。"做家电生意的毛文斌的家训："不做亏心事，不赚昧心钱，心里有盏灯，肚里能撑船。"龙小平家晒出的家训是："踏实做人，勤恳干事，节俭持家。"陆云家晒出家训："吃不穷，穿不穷，人不读书一世穷。"……

"晒家训，这是一个快速提高村民文明素质的好办法。"三溪镇党委政府顺势而为，引导村民开展晒家训活动。于是，村民们有的搜集祖上传承的家规，有的召集全家自己总结家规，有的请镇村干部帮着总结提炼，新村42户村民家家门前挂上了家规。

"晒家训，对村民有一定的约束和监督作用，村民往往会说到做到。"三溪镇党委负责人介绍。村民家门上挂的家训已成为该村一道亮丽的旅游文明风景线，家里来客、外地游客都会认真品味一番，成为最为直观、最为直接、最为基本、最为经常的教育。

2. 造氛围，传统文化植入核心价值

朝门新村的居民原来大多居住在朝门院子，这个院子始建于民国初年，有住户48户，是武胜县目前保留最为完整的民国时期建筑院落。2015年4月的风雹灾害使这里的民房受损严重，武胜县按照修旧如旧的原则，打造了观音桥村文化驿站、民间五坊等景点，传承传统民俗文化，吸引了众多游客前来休闲旅游。

观音桥村文化驿站由一栋农家小院改建而成，小院前是一块剪纸制作的社会主义核心价值观宣传文化墙。小院的四个房间分别是雅音厅、文苑厅、艺趣厅、遗韵厅。雅音厅、文苑厅、艺趣厅着重展示武胜全县的优秀文化，遗韵厅主要展示观音桥村历史变迁、风土人情、家风家训、乡贤好人等。这些展厅利用现代技术，挖掘了武胜和观音桥村传统文化，植入了社会主义核心价值观内容，强化村民文化自信。

观音桥村土地肥沃、溪水环绕，是武胜的鱼米之乡。该村就地取材，打造酒坊、豆腐坊、油坊、面坊、刀坊民间五坊，展示榨油、酿酒、做挂面、做豆腐、制菜刀的制作过程和传统工艺，生动体现了精雕细琢、精益求精、追求极致和尽善尽美的工匠精神，为社会主义核心价值观增添了时代内涵。从国家层面讲，"工匠精神"与"富强"息息相关。就个人层面而言，"工匠精神"与"敬业"一脉相承。

同时，融入社会主义核心价值观的宣传标牌、宣传展框、文化墙等景观小品，让游客和村民在休闲中受到熏陶。

3. 定村规，一榜两评传正义

"爱国家，爱集体，公家物，要爱惜；家庭里，讲平等，教子女，敬长辈；红白事，要从简，重节约，少花钱；务正业，谋生计，勤劳作，同富裕……"在朝门新村文化广场展板上，朗朗上口的观音桥村村规民约三字经不时吸引着过往行人的眼球。

在引导开展村民晒家训活动的同时，观音桥村乡风文明理事会，通过村民大会、座谈会等形式，组织引导村民提炼优良的家规家训，制定了村规民约、文明村民评选标准，以乡风文明红黑榜为载体，定期开展环境卫生评比和以"脱贫奔康、移风易俗、孝老爱亲、遵规守法、感恩奋进"为主题的文明村民评比活动。同时，理事会将评选出的脱贫奔康示范户、感恩奋进示范户、孝老爱亲示范户、遵规守法示范户、移风易俗示范户先进事迹在红榜公示，对违规占用公共场所、乱搭乱建、大操大办等不良行为在黑榜公示，形成"一榜两评"培育活动机制，以身边事影响身边人，使社会主义核心价值观有了具体可学的榜样和禁止不可行的标准，传递了社会主义核心价值观的正能量。

三、启示

习近平总书记指出："一种价值观要真正发挥作用，必须融入社会生活，让人们在实践中感知它，领悟它。"近年来，观音桥村积极探索培育和践行社会主义核心价值观过程融入机制，以"让社会主义核心价值观立体鲜活"为特色，把社会主义核心价值观融入社会生活的各方面，使社会主义核心价值体系可观可感有用，引领乡风文明不断向好。

其一，推进社会主义核心价值观融入乡村治理。观音桥村乡风文明理事会根据农村传统文化基础牢固的特点，结合乡风文明建设实际，围绕"四好村"创建，挖掘传承本地体现社会主义核心价值观的良好家训族规，提炼形成富有村域特色、有利村民自治的村规民约，以村规民约为指引，开展"一榜两评"活动，建立起村民人人带头践行社会主义核心价值观新机制。

其二，推进社会主义核心价值观融入传统文化。培育和弘扬社会主义核心价值观必须立足中华优秀传统文化。为强化本土优秀精神文化激励作用，观音桥村按照"不忘本来、吸收外来、面向未来"的要求，继承和发扬优秀传统文化和传统美德，发挥家风家训、地域文化、乡贤文化作用，提升社会主义核心价值观的文化体验，扩大了践行社会主义核心价值观的群众基础，实现优良传统与社会主义核心价值观融合发展，服务社会主义核心价值观建设。

其三，推进社会主义核心价值观融入各项建设。社会主义核心价值观不是抽象的而是具体的，与实践不是两张皮而是统一体。为使社会主义核心价值观立体鲜活、富有生命，观音桥村在新村建设、四好村建设、老旧院落改造中，处处融入社会主义核心价值观，如在新村广场建立社会主义核心价值观展板、文化墙，建设民俗文化驿站，打造民间五坊，把社会主义核心价值观建设融入乡村建设的方方面面。

其四，推进社会主义核心价值观融入百姓生活。培育社会主义核心价值观是系统工程，需要各个单位、行业共同努力，才能实现全面渗入。县文广新局、史志办等单位应村"两委"要求，借助送文化下乡活动，将具有社会主义核心价值观内容的书法、对联、日历等文化送给村民；将剪纸和竹丝画帘两项传统民间艺术与社会主义核心价值观内容融入文化景观、文化墙建设；帮助收集整理该村家谱族规，在村文化驿站展示符合社会主义核心价值观要求的好家训和好家规。

报送单位：武胜县委党校
执笔人：文伟、李晓刚

广安职业技术学院
"党建+寝室文化建设"的创新实践

习近平总书记指出,高校要加强广大师生的思想教育和核心价值引领,要更好地担负起学生健康成长指导者和引路人的责任,自觉提高思想政治工作的能力与本领,增强做好高校思想政治工作的责任感与使命感。高校大学生党建工作是育人工作的重要组成部分,在新的历史条件下具有重要的作用。高校要了解学生生活,深入广大学生生活,充分调动学生的积极性,倡导广大学生共同创建和谐友爱、安全有序、卫生整洁、健康向上、学风优良的寝室文化,积极探索"党建+寝室文化建设"的新思路、新方法,深入推进新时期高校大学生思想政治教育工作,进而推动学校校园文化建设。

一、背景

学生寝室是学生集体生活和学习的场所,也是学生人际交往的场所。社会上一些不法分子混进宿舍楼后,有可能会对学生的钱财物和贵重物品产生歹念,发生学生寝室盗窃案件,给学校管理带来极大的难题,学生公寓各项管理制度也有待进一步完善。近年来,虽然学校公寓的住宿条件和硬件设施有了很大改善,但是寝室文化的感染性、共鸣性、内驱力还存在不足。一些学生在家娇生惯养,较少做家务,集体意识相对薄弱,往往以自我为中心,对自身要求不甚严格。这就导致学生在寝室时会出现被子不叠、衣服乱挂、垃圾乱倒、私拉乱接、摆放无序等现象。这些现象的存在迫切需要加强寝室文化建设,促进寝室科学管理。

二、做法

广安职业技术学院土木工程学院(以下简称土工工程学院)着力打造

"三个一",即一支学生公寓管理的工作队伍,一套科学合理、奖惩分明、考核完备的工作制度,一系列主题鲜明、服务学生现实需求的精彩活动。

1. 构建寝室管理工作网络,重视寝室党建思政工作的组织与开展

土工工程学院成立了以党总支书记为组长、其他班子成员为副组长,院领导、全体班导师、全体党员班导师为成员的"学生公寓管理工作领导小组"。领导小组全面负责学生公寓的各项管理工作,制订学生思想政治教育及学生党建工作进公寓总的指导思想和实施方案。

土工工程学院积极发挥学生主体性,让学生做优良寝室文化的创造者。土工工程学院党总支建立了寝室室长信息库,面向寝室室长开展各类专题培训,并成立了寝室室长联盟,此外,还组建了"学院—学生会—学生"三位一体的寝室服务团队。该团队的建立既有利于学院学生工作和寝室管理服务工作的无缝对接,又能调动和发挥学生的主体作用,创造性地开展寝室文化建设工作。

2. 建立科学合理的制度,完善考核机制

首先,明确寝室管理责任制。土工工程学院在学生公寓管理工作中建立了寝室责任人制度,为每间寝室对应一名寝室主责任人和一名副责任人。寝室主责任人由党员班导师担任;副责任人由学生党员(含预备党员)和优秀的入党积极分子担任。寝室责任人主要负责学生寝室的思想政治教育、安全卫生检查与监督及对学生的学习生活关怀等工作。寝室主责任人要求每月至少深入寝室两次,副责任人原则上要求每周都到对口寝室了解情况。责任人通过寝室走访,了解学生的学习生活情况,加强对学生的思想政治引领、卫生安全检查及日常行为习惯养成,帮助学生明确树立合理的学习目标,养成科学的学习习惯。

同时,党员班导师要积极配合班导师稳定学生的思想情绪,教育学生在维护学院的正常秩序中起模范带头作用;要经常与班导师沟通,做好助手工作,并发扬共产党员"吃苦在前,享受在后"的精神,努力做班导师的坚强后盾;要关注联系班级学生中的入党积极分子,在班级中树立好榜样,从而以点带线、以线带面,倡导良好的班风和学风,共创和谐班集体;要及时向班导师汇报问题学生的思想动向。

其次,实行学生党员寝室挂牌制度。土工工程学院党总支为充分发挥学生党员的模范带头引领作用,在学生党员中开展了"一名党员、一面旗帜""我是党员、我做模范"活动,实行"党员寝室挂牌"制度等。采取凡是有学生党员的宿舍门前都挂有一块带有学生党员的照片,标明该名学生党员的姓名、

班级、专业、职务、入党时间等内容，学生党员的一言一行都置于学生们的监督之下，使学生党员能够自觉接受群众监督，弥补不足，提高素质，更好地起到模范带头作用。同时，"党员示范寝室"必须严格按照"文明寝室"标准进行建设，由领导小组负责统一核查。

第三，落实寝室考核制度。土工工程学院学生会每周会对寝室内的归寝、安全、卫生、学习及宿舍融洽度等方面情况进行考察，并认真填写表册。学生党员、入党积极分子应在宿舍内起到黏合剂的作用，关心团结同学。当学生之间产生矛盾时，他们应及时化解矛盾，自己无法处理时及时向班主任反映，使寝室有一个和谐的气氛。党员教师每月必须到问题寝室进行交流指导，帮助学生们进行整改，并不定期地组织存在问题的寝室成员到"党员示范寝室"及"文明寝室"参观学习，帮助他们将寝室环境建设好、寝室氛围打造好，进而实现大学生的"自我教育"和"自我管理"。学生会每月向学院推荐不超过负责寝室数量10%的学生寝室作为"月度文明寝室"候选对象，领导小组进行抽查复核后挂牌表彰。对于一些困难学生，寝室责任人应予以重点关心和照顾，及时将问题解决在萌芽状态，帮助其克服困难，成人成才。

3. 精心设计宿舍文化建设主题，开展丰富多彩的活动

了解学生真正的需求，让学生做优良宿舍文化的代言者。土工工程学院党总支着力构建起高效科学的需求调研机制，定期采用问卷调查、集中座谈、个别访谈等形式，深入了解学生的思想动态和真实需求，鼓励学生通过电话、党员信箱、意见箱等途径向学校提出学校教育、管理等方面的建议和意见，并及时有效地解答学生在思想、学习、生活等方面存在的疑惑。调研机制的顺利运行，有利于迅速聚焦工作重点和难点，极大地提高了宿舍文化建设的实效性。

调动学生能动性，让学生做优良宿舍文化的受益者。土工工程学院党总支精心设计出围绕服务学生现实需求的宿舍文化建设主题，开展一系列丰富多彩的活动，如宿舍和谐在我寝、安全在我家、卫生在我心、健康在我动、温暖在我心、学风在我领等主题活动，将宿舍打造成良好生活习惯的培育基地、先进思想文化的传播阵地、和谐温馨的精神家园、安全的教育基地、健康生活的实践基地、优良学风的引领平台。这一系列举措，使得宿舍文化建设得到了有力的推进。

三、启示

土木工程学院通过深入推进"党建+寝室文化建设"制度，将大学生思想政治教育与党建工作相结合，不仅充分发挥了基层党组织的战斗堡垒作用和党

员的先锋模范带头作用，提高了学生的自我管理、自我服务意识，还为开展思想政治工作提供了有益的借鉴。

其一，找准契合点，夯实组织基础。土木工程学院之所以能够在学生管理中取得扎实的基层党建成效，就在于把马克思主义党建理论同高校党的建设实践相统一。通过"党建+寝室文化建设"的开展，土木工程学院党总支进一步落实了全员育人、全过程育人、全方位育人的重要探索与实践，进一步发挥了阵地建设作用，不断增强了基层党支部的凝聚力和战斗力。

其二，注重示范引领，强化作用发挥。土木工程学院党总支以寝室文化建设为切入点，充分发挥学生寝室阵地作用，加强学生寝室在思想建设、文化建设、公寓管理与服务工作等方面的战斗堡垒作用和党员的示范引领作用，推进"党建+寝室文化建设"工作，通过一系列活动，将支部工作与服务学生工作紧密结合起来，有效提高了基层党组织在学生中的影响力。土木工程学院充分发挥师生党员在服务过程中的先锋模范作用，带动身边人同进步、共提高，努力成为文明行为、良好校园风尚的倡导者和践行者。

其三，加强队伍建设，提升履职能力。土木工程学院党总支设立领导小组，结合学生寝室实际，建立多方协作、评估反馈、奖罚激励等机制，划分教师党员和学生党员责任区，充分发挥党员作用，通过着力打造"三个一"，做好寝室学风、环境、纪律的"三抓"工作，坚持以"检查为辅，督导教育为主"的管理思路，确保工作实施职责明确、运行有序，促使寝室文化建设和党建工作再上新台阶。

报送单位：广安职业技术学院土木工程学院
执笔人：李雪芬、李晓刚

乡风文明润沃土
——前锋区推进农村精神文明建设纪实

"人人需要文明乡村，乡村需要人人文明""弘扬尊老新风，建设和谐前锋"……在前锋区的各个乡村主要路口、街头巷尾，乡风文明的标语随处可见。

一、背景

2016年以来，前锋区为深入贯彻落实党的十八大以来中央对农村精神文明建设提出的新要求，以培育和践行社会主义核心价值观为统揽，以开展脱贫攻坚大会战为契机，以"四个好"为主要目标，以开展脱贫攻坚"九大行动"为突破口，强化基础设施建设，狠抓文明新风树立，切实改善农村环境卫生面貌，推动全区脱贫攻坚工作取得显著成效。为兑现"率先脱贫摘帽，争当全省标杆"的庄严承诺，让广大老百姓在住上好房子、过上好日子的基础上养成好习惯、形成好风气，实现精神文明和物质文明同步脱贫，前锋区在大力开展基础设施建设、规划农业产业发展的同时，大力开展乡风文明建设工作，助推农村精神文明建设，助力脱贫奔康圆梦。

二、做法

1. 规——三措并举，做规划、明路径

一是理清思路规划路径。根据社会主义新农村建设"二十字"总要求，前锋区以脱贫攻坚大会战为契机，以美丽乡村建设为载体，以民风建设和环境整治为抓手，研究出台《进一步加强农村精神文明建设工作的实施意见》，着力推进乡风文明建设"八大行动"，明确目标、载体和实践要求。二是抓示范点规划推进。前锋区按照农村精神文明建设示范点"六有六进"标准，在龙塘黄峰村、广兴寨坪村等进行重点打造，同时结合"四好村"创建，着力推进"111"环线以及在 10 个省定贫困村和 5 个插花村渐次推开，力争加快形成示范带建设。三是实施细则规划指导。在前阶段试点、调研基础上，由前锋区文明办牵头，相关单位协调配合，印发《前锋区农村精神文明建设实施细则》，涵盖组织领导、硬件建设、氛围营造、环境卫生、志愿服务等 8 个方面，落实指导单位、责任单位硬化举措、全面推进。

2. 建——三建同步，打基础、夯基层

一是建好农村乡风文明阵地。前锋区在年度计划脱贫摘帽的贫困村大力实施文化院坝建设，通过风格多样的墙绘、展板、书籍和物件设施等体现多种主题特色，形成"一院一坝一品牌"。同时，前锋区大力实施电视"户户通"、广播"村村响"、农家书屋、阅报栏、文化墙等建设，农村精神文明阵地不断加强。二是建好农村精神文明工作队伍。针对新区成立以来很多地方的行政村没有专人负责抓农村精神文明建设工作的情况，前锋区积极探索乡村文化发展工作新思路，在全区 50 余个贫困村组建村级农村精神文明工作队伍，确保农村精神文明工作的常态化、规范化和制度化。三是建好基层志愿服务队伍。前锋区从农村有知识的农民、青年教师、大学生村干部中招募一批志愿者，以留守儿童、留守妇女、留守老人为重点，广泛开展志愿服务系列活动，同时鼓励和支持开展"邻里守望"互助服务，让群众在参与中感受友谊和谐，共享幸福生活。

3. 育——三管齐下，重培育、长滋养

一是公益广告营造氛围。前锋区大力开展"讲文明、树新风"宣传教育行动，在各村口、村内主干道、公共场所、村委会宣传栏、文化院坝等，因地制宜设置社会主义核心价值观公益广告，广泛普及文明礼仪知识，将社会主义核心价值观内化于心、外化于行。二是文化惠民浸润人心。前锋区围绕"聚力脱贫攻坚战·共圆同步小康梦"主题创新开展"欢乐农家"大赛，组织系列惠民演出，免费放映农村公益电影，丰富群众生活；以"我们的节日"为主题，广泛开展节日民俗、文化娱乐活动，弘扬中华民族优秀传统文化。三是道德教育熏陶涵养。前锋区深入开展"四德"教育，把"道德讲堂"扩展到镇村；组织道德模范到乡镇（街道）、村（社区）开展宣讲活动；广泛制作刊播道德模范公益广告，引导农民群众树立健康生活方式。

4. 治——三治共融，改陋习、树新风

一是环境整治惠民生。前锋区以院坝和家庭为重点，充分发挥农民群众主体作用，发挥党员干部示范带头作用，人人动手、家家参与，自觉整治屋内居室、门前院后、田间空地、邻居间隙环境卫生。前锋区扎实开展"清洁卫生示范户"评选，树立以"洁净美"为荣，以"脏乱差"为耻的观念。二是科普教育强民智。前锋区以崇尚科学文明、反对封建迷信和倡导移风易俗、转变陈规陋习为重点，广泛开展科学普及活动，大力弘扬科学思想，倡导科学精神，提倡科学态度，传播科学方法，培育科学文化，培养有文化、懂技术、会经营的新型农民。三是依法治理规民行。前锋区会同民政部门制定完善村规民约，用制度规范和约束群众言行，引导农民群众自我教育、自我管理、自我服务、自我提高；持续深化"法律七进"，推动法治进乡村，组织普法宣传员对事关群众切身利益的政策法规进行针对性的宣传、解疑释惑，引导农民群众尊法学法守法用法。

5. 塑——三评联动，塑标杆、强引领

一是评家风家训。前锋区推动家风家训进门入户，组织开展"好家风好家训"展示评选等活动，通过晒家风、晒家训、晒家规的形式，相互学习，激发人们心底的道德情感，建设积极向上的家庭文化。二是评先进典型。前锋区广泛开展"十星级文明户"评选活动，设立好人暨善行义举榜，开展道德模范、身边好人、最美人物、最美家庭、好儿女、好婆媳、好夫妻、好邻里推荐评选，通过广播、宣传栏等途径传播模范先进事迹，引导群众树立正确的道德观、价值观，大力弘扬中华民族传统美德。三是评乡风民风。前锋区成立村民议事会、红白理事会、道德评议等群众自治组织，定期组织村民对陈规陋习进行评议，广泛开展陈规陋习专项整治和封建迷信专项整治，向不文明民俗、婚俗说不，积极推动文明村镇创建。目前，全区现有区级以上文明乡镇7个，区级以上文明村社32个。

6. 促——三大结合，抓促进、增实效

一是与脱贫攻坚有机结合起来。2016年是前锋区举全区之力坚决打赢脱贫攻坚的首战之年。前锋区通过开展乡风文明建设，教育引导了干部群众树立正确的意识；弘扬扶贫济困精神，特别是教育引导了贫困群众增强自立自强意识，不自卑、不泄气，不等不靠不要，激发内生动力；积极引导群众在住上好房子、过上好日子的基础上养成好习惯，形成好风气。二是与基层治理有机结合起来。当前，农村"空心化"现象较为突出，"三留守"人员较多，社会治安和稳定问题值得关注。前锋区通过乡风文明建设，提高了群众的精神文明素质，使邻里之间更加和睦，农村不文明习俗、婚俗等大为减少，群众自觉参与农村精神文明建设，说文明话、办文明事、过文明日子。三是与新农村建设发展有机结合起来。农村好不好、美不美，直接决定广大农民的生产生活条件和幸福指数的高低，也决定全面建成小康社会的质量和水平的高低。前锋区通过乡风文明建设，补齐了农村基础设施的短板，按照农民生产生活需要，改造提升了农村基础设施和生活设施；推动了教育、卫生、文化等走进基层，让农民群众在家门口也能享受到城里同样的服务；影响和带动了农村产业经济、庭院经济等发展，为确保全面建成小康社会提供了坚实物质基础。

三、启示

其一，乡风文明建设是系统工程，涉及农村建设方方面面，绝不能零敲细打、杂乱无序，必须加强统筹，坚持规划先行，做到目标明确、载体明确、措施明确。

其二，乡风文明建设重点在基层，落实在基层，必须着力解决好硬件支撑、"谁来干"的问题，建好阵地和队伍，才能不偏不虚不走空。

其三，乡风文明建设绝不是一朝一夕，亦非外界强制"植入"，必须久久为功，持之以恒，需要一个从外到内、内外兼修、落细落小、长期浸润的过程。尽管当前新农村建设全面推进，但仍然还存在一些与之不相适应的陈规陋习，必须坚持问题导向、以人为本，切实抓住薄弱环节和关键问题，在坚决治理、除旧布新上下狠功夫。

其四，榜样的力量是无穷的。要做好乡风文明建设，必须用好推选评比这一有效手段，发挥先进典型的标杆示范作用，融合"最美"引领，明导向、添活力。

其五，加强乡风文明建设，必须将其放在建设社会主义新农村的大格局中来抓，与脱贫攻坚、基层治理、三农发展等有机结合起来。否则，乡风文明建设就会成为无根之木、无源之水，就会使成效大打折扣。

报送单位：广安市前锋区委宣传部
执笔人：刘一胜、李晓刚

发挥小平故里优势　　打造外宣品牌

对外宣传工作作为党的宣传工作的重要组成部分，不仅是宣传党的政策路线、树立先进典型、传播先进经验的"放大器"，也是一个地方区域经济社会发展、文化事业建设、民族和谐发展的"推进器"。随着改革开放的进一步深入，对外宣传作为文化经济的"软实力"，在树立地方形象、提升地方知名度和影响力、促进招商引资和对外文化交流方面发挥着越来越重要的先导和桥梁作用。

一、背景

在当今这个争夺注意力的时代，知名度就是生产力，美誉度就是形象力，品牌就是竞争力。面对包括舆论影响力在内的区域竞争日趋激烈的态势，我们需要通过更加积极有效的对外宣传，努力把资源优势转变为品牌优势，不断提高广安的知名度和美誉度，大力吸引国内外、省内外各种生产要素向广安聚集，推动广安进一步走向全国、走向世界。广安相对东部沿海地区来说，经济发展还很落后，影响力还相对不足，在深化改革、加快发展的进程中尤其需要加强对外宣传工作，牢牢掌握影响舆论的主动权。实现广安"决胜全面小康、建设经济强市"的战略目标，不仅需要创造良好的投资环境、政务环境、文化环境和法治环境，而且需要创造良好的对外舆论环境。切实做好对外宣传工作，运用各种形式和渠道介绍广安的发展优势、发展潜力及其蕴藏的无限商机，展示广安市经济社会发展的战略目标、政策措施和建设成就，形成有利于"决胜全面小康　建设经济强市"战略目标的良好舆论环境，对于促进广安跨越式发展和社会全面进步，具有重大而深远的现实意义。

二、做法

1. 采取"请进来、走出去"的办法,努力提升广安的知名度

一是"请进来"。近年来,广安市委宣传部精心组织策划、开展了"行摄小平故里,印象美丽广安""百家党报看广安""网络大V乐游广安""海外华文媒体广安行""全国网络媒体和网络名人小平故里行""全国主流新媒体瞰广安"等外宣活动,邀请主流媒体、全国知名网站、海外华文媒体等走进广安,对广安经济社会发展成就、历史文化、自然风光、城市新貌、幸福美丽新村等通过图文、视频等进行了立体传播。二是"走出去"。近年来,广安市委宣传部精心组织策划、开展了"追寻小平足迹""重走长征路""广安人在福建(北京、上海、广州、浙江、重庆)"等大型采访活动,讲述了邓小平同志在革命战争年代以及领导中国人民进行改革开放和现代化建设时期的生动故事,以及在外广安人艰苦创业、勇于开拓、顽强拼搏的精神风貌,反映了在外游子对家乡的感恩之情和回报之心。同时,围绕低碳经济、邓小平诞辰、邓小平逝世纪念日、华蓥山旅游文化节、广安国际红色马拉松赛、中外知名企业四川行、渝洽会、西博会、农博会、香港广安发展促进会成立、川渝合作示范区暨川东北经济区投资贸易大会、国际投资大会等,广安代表团队赴北京、广州、深圳、重庆、成都、香港等地组织召开新闻发布会或举办投资推介会,邀请国内外知名媒体到会参与报道,全面展示了广安经济社会发展成就。

2. 构建大外宣格局,多渠道展示广安的良好形象

一是着力完善运行机制,为大外宣格局提供制度保障。广安市委宣传部坚持和完善了对外宣传联席会制度、对外宣传策划制度、对外宣传激励制度、对外宣传考核制度、重要稿件会商制度五大制度,倾力打造全方位、多层次、宽领域的大外宣格局。二是加强与主流媒体合作,借力推介广安。广安市委宣传部围绕全面小康、深化改革、开放合作、依法治市、脱贫攻坚等重点工作,按照"广安题材有全国影响,全国话题有广安经验"的目标,突出广安工作亮点,精心策划,精准对接,针对不同媒体需求,分类提供内容服务,积极开展主题外宣。广安与人民网合作联办了邓小平纪念网,日均点击量达80万次;与新华网合作建立了"新华网广安网群",日均点击量达25万次;与四川日报报业集团联合推出《市州观察·广安》、与重庆日报报业集团联办"渝广合作促发展"等专栏。近5年来,广安市委宣传部在主流媒体刊(播)发反映广安经济社会发展新措施、新经验、新成效的各类稿件10万余篇(条),对外讲述了广安发展故事,展示了伟人故里的良好形象。三是依托"3+N"宣传

联盟平台，放大对外宣传效果。近年来，广安市依托"20世纪三大伟人故里宣传联盟"（广安、中山、湘潭）平台，加强与深圳、百色、吉安、淮安等红色城市协作，拓展形成了"3+N"对外宣传平台，定期或不定期地开展互动宣传。2016广安国际红色马拉松赛期间，广安市与延安日报、井冈山报、瑞金报、湘潭日报、右江日报、中山日报等媒体进行联动，一日一城一报推出"红色马拉松 我们来接力"专题报道，形成了有红色气质的全国影响力，放大了对外宣传效应。

3. 借力节会推介广安，不断扩大广安的对外影响力

广安市充分利用全国和省市节会活动契机，以低碳智慧论坛、小平诞辰纪念日、华蓥山旅游文化节、广安国际红色马拉松赛等节会为载体，突出主题，注重特色，强化对外宣传功能，巧妙展示广安发展新成就和城市新形象。尤其是每年全国、省"两会"期间，人民日报、新华社、四川日报、四川卫视等中央、省级主流媒体均对广安经济社会发展及广安市代表、委员给予了高度关注，有效提高了广安的知名度和美誉度。

4. 加强文化交流，在对外传播中彰显广安城市魅力

广安市委宣传部充分利用广安丰富的人文自然资源，赴北京、上海、广州、深圳、重庆、香港等地组织开展了"小平故里，美丽广安""罗湖桥畔的思念——纪念邓小平一百周年诞辰""春天的故事——邓小平生平业绩图片展""缅怀世纪伟人——纪念邓小平110周年诞辰""人民之子——邓小平经典图片展"等摄影大赛、图片展；精心组织拍摄了《美丽广安》《广安真的很美》《小平故里 鼎盛广安》《川渝明珠——广安市》《记录四川100双手：唢呐情》等形象片、专题片和纪录片，并在四川卫视、香港卫视、上海卫视、人民网等进行了展播；编辑制作出版了精美系列外宣画册《美丽广安》《锦绣广安》。随着纪录片、专题片、图片展、画册的不断传播，广安的影响力不断攀升。

三、启示

近年来，广安市委宣传部切实履行围绕中心、服务大局的职责，充分挖掘和发挥伟人故里的独特优势，建立和完善了一系列对外宣传工作制度，优化了工作机制，打造了全方位、多层次、宽领域的大外宣格局，得到了以下启示：

其一，通力合作是构建大外宣格局的关键。新时期新形势下的对外宣传工作，不仅仅是党委宣传部门单独的事，还是一个系统工程，需要当地各级各部门的同心协力，需要全社会的共同关心支持，只有这样才能积极有效地开展对

外宣传工作，努力构建起全方位、多层次、宽领域的大外宣格局。

其二，经费投入是做好对外宣传工作的保障。要想搞好外宣工作，必须有一定的经费投入。外宣部门需要进一步加大对外宣传工作的经费申请力度，积极向党委、政府反映情况，争取政策支持，得到更多的资金帮助；同时还可以利用本地区、本部门的资源优势，立足实际，制订好项目计划书，积极争取上级相关部门的支持。

其三，加强协调是提升外宣部门与新闻媒体打交道能力的手段。对任何一个地方的宣传部门而言，每一家新闻媒体都是潜在的资源优势。当然，这个资源是指新闻信息资源，谁争取了媒体的支持，谁就获得了外宣工作的优先权和主动权。因此，要做好外宣工作，外宣部门必须切实提高与新闻媒体打交道的能力，争取获得新闻媒体的最大支持。

其四，精心制作外宣品是展示地方形象的主要方式。外宣品是外宣部门积极有效地开展对外宣传工作的最主要方式。外宣部门必须切实提高宣传品制作的策划水平，力求少而精、精而美，以最优质的画面、最丰富的内容、最动听的语言把一个多姿多彩、魅力十足的现代城市呈现在观众面前。同时，外宣部门还要加大对外宣品的管理力度，实现备案制，加大对外宣品制作的指导审核力度，规范制作流程。

其五，创新方式是提升外宣部门对外宣传策划能力的途径。外宣部门必须积极主动与主流媒体联系，努力拓展对外宣传渠道，及时向主流媒体报送党委、政府中心工作、重大决策及各行各业的新成就和典型经验。外宣部门要抓住地方重大节日契机，提前介入、精心准备，充分展示地方经济社会发展取得的新成就。同时，外宣部门还要紧紧抓住城市之间的文化交流契机，积极争取当地宣传部门和媒体的支持，通过当地媒体展示城市富有特色的历史文化和现代化进程的新面貌，增进两地人民间的相互了解和文化交流，从而推动文化外宣再上新台阶。

报送单位：广安市委宣传部
执笔人：黄诚、李晓刚

社会建设类

"360群众工作站" 为民服务暖人心

一切为了群众、一切依靠群众，从群众中来、到群众中去，一直以来都是中国共产党的优良传统和政治优势。当前，群众利益诉求多样化，群众工作环境越来越复杂，群众工作的内容更加丰富，这些对基层政府工作的有效性和针对性提出了更高的要求。

一、背景

2014年以前，岳池县黄龙乡因地处偏远，部分村庄离乡政府较远，群众出行办事很不方便，再加上政府工作人员比较少，群众诉求比较多，工作难免忙不过来。但是，群众的事情又不能不管。自从党的群众路线教育实践活动开展以来，黄龙乡努力克服交通和信息相对闭塞的困难，紧紧抓住解决"三大重点问题"，探索有效服务群众、引导群众、帮带群众的模式，在场镇设立"360群众工作站"，来增强服务群众的能力，切实做到服务群众"最后一公里"。

二、做法

1. 以解决问题为导向，搭建三个平台

一是搭建政策解释平台。黄龙乡设立了政策宣传员。工作人员在工作日轮班，在节假日值班，每旬固定一天走村入户，向基层群众传达党的方针政策和上级文件精神，正确引导群众。二是搭建矛盾调解平台。黄龙乡设立了矛盾纠纷调解员，对来访群众矛盾纠纷及时进行梳理，并对不同性质的矛盾纠纷分类汇总。对依法且在调解能力范围内的矛盾纠纷，调研员依据法律、法规和政策规定进行调解，并将调解情况上报至乡党委；对不能调解的矛盾纠纷，及时与乡大调解中心工作人员衔接，协调解决，形成联动工作机制。三是搭建社情民意收集平台。黄龙乡对来访的群众提的建议和诉求、走村串户收集的民情民意科学分类，按照群众反映的问题性质，分类梳理为发展、民生、"四风"三大类；按照问题解决的责任主体，划分为乡、村两级；按照问题解决时限，划分为立行立改、限期整改、长远规划三大类；将收集的问题登记造册，建立台账，汇报至乡党委。

2. 以服务群众为中心，实现三个"定时"

"360群众工作站"有规范的工作站制度和明确的工作职责，制定了工作流程图和服务人员的联系方式图，采取定时报送、定时提醒、定时公示的"闹钟式工作法"，为解决联系服务群众"最后一公里"问题创新了载体、拓宽了渠道。一是收集民意，定时报送。"360群众工作站"将收集到的民情民意梳理汇总，严格遵循"一日一结一汇报"工作制，定时向乡党委政府报送，确保群众呼声有人问、群众事情有人管。二是问题解决，定时提醒。对报送到乡党委政府的民情民意，"360群众工作站"三日内定时提醒乡群教办催促相关责任人员落实工作，直至办结为止。三是工作进度，定时公示。"360群众工作站"采取电话、广播、公示栏、走村入户宣讲等方式，将解决群众具体问题的工作进度及时通报给群众，同时收集群众对问题处理过程和结果的意见。

3. 以走村入户为途径，实现三个"问计"

"360群众工作站"以全乡各村开展"说田边话、办土边事"活动为载体，深入走访，保证联系走访人数不得低于该村总户数的60%，争取收集更多的社情民意。

一是田边问政。工作站人员通过发放问卷、走访、座谈、接待群众来信来访、舆情收集和面对面访谈等形式广泛征集意见，了解社情民意，广开群众参政议政之门，给群众表达权。工作站人员负责将遴选甄别出的热点问题登记在册，并向乡党委汇报。相关责任人就存在的问题做出整改承诺。"360群众工作站"负责问题动态整改追踪，公开公示整改结果，回应群众呼声，给群众知情权。二是土边问计。工作人员走村串户，对群众涉及新农村建设、农村清洁工程、农村水利设施建设、危桥改造、村级公路修建、产业发展、生态建设等关系民生的意见建议进行梳理，分类汇总上报乡党委政府，确保乡党委做出的各项决策民主、科学，体现民意、实现民利。三是家中问需。工作站人员深入各村社走访，了解群众生产生活情况，及时化解家族、邻里、家庭等方面潜在的矛盾纠纷，低保户评定及社会治安状况等问题，对困难家庭登记造册，将不能解释的问题、不能调解的矛盾、困难群众花名册，及时向乡党委汇报，使党委政府及时帮助特殊对象解决生产生活中遇到的困难，实现"有问必答、有难必帮"。

4. 以建章立制为手段，达到三个长效

一是群众意见收集长效。"360群众工作站"建立工作台账制度，制定规范工作登记簿，详细记录工作事项的受理时间、具体内容、领导批示、调查处理和结果反馈等情况；建立工作轮（值）班制度，采取工作日轮班、节假日值班、分片区走访的方式，收集社情民意。"360群众工作站"有效收集了群众对党委、政府的意见建议，确保了群众能随时随地与干部对话，形成了"全天候、全方位、全覆盖"服务群众的工作格局。二是政策法规宣传长效。"360群众工作站"的工作人员每旬定时分片走访，深入基层，走进群众，宣传各项惠民惠农政策和法律法规，及时掌握群众思想动态，正确引导群众，确保群众思想的纯洁性和先进性，构建和谐乡村。三是矛盾纠纷调解要长效。黄龙乡党委、政府以"360群众工作站"为抓手，与乡大调解中心、维稳办形成两级联动机制，充分利用老干部、农村基层干部地理近、信息准、威望高的特点，将群众矛盾纠纷解决在基层、化解在萌芽状态，实现"家庭纠纷不出户、邻里纠纷不出组、小矛盾不出村、大矛盾不出乡"。

三、启示

"360群众工作站"的建立和功效发挥是一项长期而艰巨的任务，这项工作不好做，但做好了，就能发挥很大的作用。

其一，黄龙乡的"360群众工作站"，充分体现了依靠群众、心系群众的宗旨，成为政府联系群众的桥梁和纽带；实现了民情收集全覆盖、反映诉求无障碍、解决问题最便捷、群众感受很满意的良好效果，使群众更心向我党，信任政府。

其二，"360群众工作站"整合资金，集中力量，专用于民，使党委、政府能在第一时间知晓民情、了解民意，在最短时间内解决群众需求，促进了服务群众的能力大提升。这使固有的开展群众工作的方法得到改变和创新，为新时代做好群众工作提供了成功经验。

报送单位：岳池县黄龙乡党委
执笔人：周国庆、张慧芳

筑牢国医根基　助力健康扶贫

中医在我国有数千年的历史，为守护国人的健康做出巨大的贡献。西医的传入、盛行，以及传统中医自身口传手授的特性，使基层中医人才数量和质量难以得到保证。加强基层中医人才培养，是筑牢国医根基的关键所在，也是振兴中医的重要一环。提高基层中医服务能力，充分发挥中医亲民、惠民的传统优势，将为脱贫奔康、全面建设小康社会的伟大事业提供保障。

一、背景

2017年5月7日，四川省召开中医药发展大会，省委副书记、省长尹力出席会议并做讲话，提出"要推出更有力的扶持政策和举措，推动我省中医药振兴发展取得新突破"。广安市委五届四次全会报告勾画了未来"五个再上新台阶"的美好愿景。"没有全民健康就没有全面小康"，美好愿景必须依靠470多万广安人民身体健康才能实现。

目前，广安市中医医疗服务能力和水平较低，没有三级中医医院，基层尤其是乡村医生能提供的中医药服务种类非常有限。举办以基层中医适宜技术（针灸、推拿）为主的中医药人才培训活动，推广运用中医药适宜技术，在积极为群众健康服务的同时传播中医，是促进中医事业、中医药产业双轮驱动发展，加快推进"健康广安"建设的必经之路。

二、做法

广安市委市政府高度重视基层中医药人才培养工作，广安市卫生计生委认真贯彻落实市委领导的重要指示，认真调研，精心准备，为全市的中医药人才分期分批举办了高质量的学术探讨和技能培训会，全面提高中医技能，激发中医活力。

1. 精心准备，备足培训功课

一是充分调研。在广安市委组织部、市卫生计生委领导带领下，广安市卫生计生委中医科及市中医医院等相关单位负责同志赴重庆现代灸具研究院进行考察调研。通过交流座谈、参观学习，调研团队了解了现代中医的最新成果，学习到更多先进中医理念和医疗手段，确定了广安市中医人才培养的内容和方向，为进一步提升广安市的中医医疗水平提供了重要参考，也坚定了我们发展中医的信心和决心。二是精选师资。授课老师知识的深度与广度决定了学员学习过程中的眼界及所能达到的高度。为此，我们要求授课老师须具有深厚的理论基础和多年丰富的临床工作经验。对于承办单位提供的授课师资人员，广安市卫计委、市人才办通过川、渝两地中医药管理部门进行核实、筛选，锁定国家级知名老中医传承工作指导导师朱丹、全国知名中医郭剑华、重庆医科大学中医学院教授唐成林等作为首次培训授课老师，同时邀请民间师承人员、重庆市针灸协会灸法专委会、器械专委会副主任委员秦长利老师授课。三是优化课程。主办单位对授课老师提前准备的课件资料进行认真审核，按照培训时间5天的总体时间安排，审核确定了将独特耳诊临床应用，常见病、慢性病等现代中医康复治疗方法，针灸、火罐、艾灸常用技术，艾绒、艾条自制加工方法等作为主要教学内容；同时，为促进乡村中医药技术人员自采、自种、自用民间中草药，穿插安排了本地常用中药材（如川艾）种植、中药圃建设等中药产业教学相关内容。

2. 科学实施，创新教学方式

一是合理分配参训名额。按照提升基层尤其是贫困村中医药服务能力要求，兼顾县、乡两级医疗机构参与日常指导，我们确定了每区市县按照县、乡、村1∶2∶7的比例选派参加培训的人员（其中村级重点向贫困村倾斜），覆盖全市820个贫困村及社区卫生服务机构。二是坚持理论结合实践。首次培训共分八期次，每期100人左右。考虑到培训中医技术以实际操作为主、理论为辅，教学班不宜过大，因此每期培训班按10人一个小组共分为10组，进行实操分组轮训，确保每位学员有操作机会，能学到真本领。三是搭建交流研讨平台。主办单位组建了班级微信群，以构建老师与学员以及学员相互间沟通、交流的平台。老师与学员在群内可分享课件内容、交流培训心得以及进行疑难病例探讨、艾草种植经验交流等。四是教学安排新颖。主办单位安排专用教室作为实操训练室，用于每天晚自习时学员现场使用各式灸具，体验各类灸法运用，进行刮痧、拔罐操作，识别不同品质的艾绒，亲手自制艾绒、艾条……同时，授课老师现场进行辅导与实际案例操作示范。

3. 强化保障，营造一流环境

一是选择最优的学习场所。主办单位将培训安排在广安市最大的干部教育培训学校——邓小平城乡发展学院。该学院环境清幽，学风浓厚，有着完整的教学设施和丰富的办学经验，能让学员们住得下来、学得进去。二是注重学员意见收集。每期培训结束前，主办单位对培训总体情况及每位授课老师的教学效果进行问卷调查，征求意见和建议，及时调整教学计划以达到最佳培训效果。三是奖惩并重，严格管理。主办单位制定了一系列学员考勤、考核和管理制度，严格学员日常考勤和考核，营造了良好的学习氛围，确保了培训期间纪律严明，没有出现任何违规违纪事件。同时，主办单位强化对学员的激励。根据测试成绩，并结合学员平时表现和考勤情况，由广安市医学会颁发结业合格证书（同时授予市级二类学分）；表现特别突出的，按 10%~15% 比例遴选为优秀学员进行表彰。

三、启示

首次健康扶贫中医药人才培训，为广安市培养了 800 余名优秀的基层中医药人才，不仅对中医药文化的传播和基层中医药服务能力提升具有重要意义，也能带动和刺激中医药产业的发展和壮大，为在农村发展中医药种植业，带动群众增收提供强大动力，主要得到了以下几点启示：

其一，兴中医，责任在党政，关键在育人。以习近平同志为核心的党中央高度重视中医药事业发展，将发展中医、运用中医作为国家发展战略的一部分，提出了许多促进中医事业发展的重大举措和配套政策，明确了中医发展的责任主体和方向。人是技术传承的载体，要让中医重新振兴，遍布祖国大江南北，培养各类中医药人才十分关键。健康扶贫中医药人才培训，重点针对基层中医，有效地提升了基层中医人员的素质和能力，让他们把学到的知识和技术带回基层，一定可以开枝散叶，壮大基层中医力量。

其二，用中医，受惠在群众，利益在千秋。耳穴诊治、拔罐、推拿、艾灸、敷贴等基层中医适宜技术具有适应症广、疗效快而好，简便易学等优点，可将一些常见病、多发病解决在基层。中医药"简便验廉"的优势能够在方便群众看病、满足群众医疗保健需求、减缓医药费用上涨、减轻患者和医保负担等方面发挥很好的作用。同时，利用农村现成竹、木材料制作灸具等简易中医诊疗器具，可促进资源利用和农民创收。乡村中医药人员自采、自种、自用民间中草药，把中医药文化及防病、治病知识带到基层、带到群众身边。全社会信中医、爱中医、用中医的良好氛围将逐渐形成。广安市政府应引导企业在贫困地区建基地，发展道地中药材、花卉观赏类药材种植、生产、加工、旅游、养生等产业，带动农业转型升级，完善以中药材种植为基础，以工业为主体，以健康服务为纽带的中医药产业体系，让发展效益真正落到贫困户身上，让他们有持续稳定的收入来源，有脱贫致富的发展能力，有实实在在的获得感，从而实现群众增收和中医事业的可持续发展。

报送单位：广安市卫生和计划生育委员会

执笔人：王海云、张慧芳

SYE广安办公室：助推青年创新创业

随着我国加快落实创新驱动发展战略，主动适应和引领经济发展新常态，"大众创业、万众创新"的新浪潮席卷全国。自2013年5月至今，中央层面已经出台至少22份相关文件促进创业创新，这些文件正在转化为具体的政策措施，对创业创新起到积极作用。2016年两会，"大众创业、万众创新"又一次作为两会热词在政府工作报告中被重点提及，开启打造2016年最强"双引擎"的大幕。

一、背景

在"大众创业、万众创新"潮流引领下，广安在全市营造理解、重视、支持青年创新创业的良好氛围。为给青年创新创业提供有利条件，搭建广阔舞台，服务广安经济社会发展和脱贫攻坚大局，共青团广安市委紧紧围绕党政中心工作和广大青年创业工作实际，通过整合创业服务机构、创业孵化园区、创业导师等资源，以服务青年创新创业为统领，以培育"创客"为核心，以提高青年创业能力为基础，以服务青年成长成才为宗旨，于2015年3月正式成立了广安青年创新创业促进计划办公室（简称SYE[①]广安办）。在"双创"的时代强音下，SYE广安办以"扶持一个青年，成就一个未来企业家"为己任，不忘初心，牢记使命，主动作为，为广安"双创"不断乘风破浪，为推进广安供给侧改革、助力广安全面小康、建设经济强市做出新的贡献。

二、做法

共青团是党的助手和后备军。共青团广安市委着眼社会和谐、立足改善民

[①] SYE是四川省青年创业就业基金会的英文（Sichuan Youth Entrepreneurship Foundation）的缩写。

生，结合市情实际，在全市大力倡导、引领实施服务青年"双创"战略，开好青年"双创"播种机，用好青年"双创"致富金钥匙，为更好地服务广安青年参与"双创"探索出了新路子，让更多的有志创业的青年圆了创业梦、走上了致富路。

1. 精准实施"青"创贷，为创业青年解决资金瓶颈

创业资金缺乏对于青年创业起步来说一直是最大难题。为破解这一难题，共青团广安市委搭建金融服务平台，在实施"四川青年创业促进计划"工作业务的基础之上，成立了广安青年创新创业促进计划办公室，负责广泛宣传SYE政策，具体实施青年创业扶持项目的统筹和协调，指导全市6个县级服务站帮助18~40周岁的青年申请创业资金扶持。同时，共青团广安市委积极带领各级共青团组织加强"银团合作"，先后与中国工商银行、中国邮政储蓄银行、中国农村信用社等金融机构签署了《扶持广安青年创新创业战略框架协议》，为创业青年提供小额、低息、便捷的项目帮扶资金，优化贷款环境，简化放贷手续，帮助和扶持青年创业就业。

2. 强化导师服务，为创业青年提供帮扶指导

为促进青年创业创新的成果转化，孵化企业成长，帮助广大青年成功创业就业，共青团广安市委组织全市各级基层团组织，全面整合资源，组建了由市青年企业家协会成员、专家学者、金融界资深人士、青年致富带头人、相关专业培训师等组成的导师帮扶平台。目前已有导师118名，其中42名导师获得四川青年创业就业基金会导师认证。他们既是创业青年的老师和技术顾问，又是创业青年的朋友和引路人，他们用敏慧的才智竭力为全市广大初创企业提供项目论证、市场分析、政策咨询、技术支持、金融帮扶、财务诊断和法律援助等"一对一"指导服务，有效地帮助创业青年能创业、创稳业、创好业。

3. 积极创设载体，为创业青年搭建展示平台

为点燃青年创新意识，增强青年创业能力，积极服务青年创新创业，共青团广安市委以开阔青年思想为先导，紧紧围绕提升青年自主创业能力、增强企业市场竞争力，着力营造善于创新、勇于创业的浓郁氛围。一是积极搭建展示平台，先后举办了创业成就梦想·创新点亮未来"邮储杯"广安市第一届青年创新创业大赛、逐梦广安·创享未来"农信杯"广安市第二届青年创新创业大赛。两届大赛都分别设立了初赛、复赛、决赛三个环节，采取审核创业商业计划书、深入企业开展实地考察、现场项目路演及项目陈述答辩相结合的方式，赛出了一批批优秀的创业项目。二是广泛宣传教育，聘请知名企业家、专家教授及创业导师进农村、进社区、进学校开展青年创新创业大讲堂46场、

农村青年技能培训 46 次、创业青年沙龙 12 次和项目对接会 1 次，青年受益面超过 1 万人次。

4. 注重实践培育，帮助创业青年做大做强

孵化器是青年创业的摇篮。在服务青年创新创业过程中，为提升广安本地孵化基地服务质量，共青团广安市委积极注重为青年创业项目寻找"出路"。一方面，共青团广安市委联合亿联电子商务有限公司在枣山园区亿联电子商务产业园建立广安市青年创新创业孵化基地，结合广安实际，创新性地构建起"创客空间+孵化器+加速器"三级孵化链条。其中，创客空间接纳初创团队，为孵化器培育储备优质项目和潜力企业；孵化器提供综合服务平台，帮助中小企业迅速成长；加速器专门接纳孵化成功的高成长性企业。另一方面，共青团广安市委联合人社等部门在符合条件的"青"商企业中挂牌成立青年创业基地，目前与广安联通公司、亿联电子商贸城、广安聚丰贸易有限公司等签订了战略合作协议，定期为创业青年提供免费的工作场地及培训指导、免费财务法律援助、创业信息、金融支持等，为创业青年提供最优厚的创业实践平台，培育青年创业企业健康成长、做大做强。

5. 突出示范带动，激发青年创业热情

自 SYE 广安办成立至今，为带动更多青年参与投入"双创"热潮中，共青团广安市委始终坚持积极开展青年创业典型树立、培育和宣传活动：一是通过传统的报刊、广播电视等途径介绍"双创"相关政策；二是运用微博、微信、QQ 群等青年喜闻乐见的社交新媒介，发布"双创"动态并与创业青年们多方互动，解答其疑难困惑；三是借助共青团广安市委常规举办的创业沙龙、不定期孵化园入驻评审和青年创新创业活动，促使更多创业青年了解"双创"扶持政策，进而提升了 SYE 项目申报率；四是针对被授予"五四青年奖章""优秀青年企业家""优秀青年创业导师""优秀创业青年"等青年的典型创业事迹，充分依托网络媒体广泛宣传，突出示范带动效应；五是组织各级团组织联合科知局、人社局、商务局、亿联及创业孵化园区开展 SYE 创业培训，举办电子商务专修班、大中职院学生"职场 PK"风采大赛、行业青年创新创业技能大赛等活动，大力树立一大批创业典型。他们的创业故事在青年中起到了良好的示范带动作用，他们的模范故事必将让创新创业的春风吹遍广安各个青年群体。

三、启示

自开展服务青年创新创业工作以来，共青团广安市委积极争取市委市政府

及党政部门的重视和支持,结合广安实际,将青年创新、创业、就业作为共青团"围绕中心、服务大局"的重点工作,在"大众创业、万众创新"的战略引擎下,积极探索创新创业就业工作社会化运作模式。这不仅实现了以青年创新创业助推广安经济高质量发展的目标,也为有关单位、部门开展青年创新创业工作,助力脱贫攻坚提供了有益借鉴。

其一,政府主导,出台政策,吸引青年创新创业。只有广安市委市政府结合时代发展趋势,抢占发展先机,根据市情,出台青年"双创"优惠政策,鼓励广大青年大胆创业、勇于创新,才能引得凤凰群涌,才能掀起"双创"浪潮,才能为广安高质量发展提供源源不断的生机和活力。

其二,部门联动,集中发力,推动青年创新创业。广安市委市政府高度重视青年群体创新创业工作,联合团委、人社、商务、农业等部门建立联动机制,同时建立青年"双创"就业服务体系,合理统筹资源,集中发力、精准帮扶、带动辐射,并相继出台各类优惠政策,扶持青年创新、创业,充分实现帮扶效用最大化。

其三,立足服务,优化环境,提高青年创新创业热情。一是加大对"双创"青年的助力。针对"双创"青年普遍面临的能力、资金、项目、技术、场地、平台及信息七大瓶颈问题,我们建立、完善相关的扶持措施。二是搭建良好平台。我们着力创建、打造一批青年创业示范基地,作为全市"双创"青年学习实践、沟通交流、资源共享的良好平台,积极营造"先进带动后进"的良好创新创业氛围。三是注重典型宣传引导。我们通过主流媒体加大对"双创"青年典型事迹的宣传、形象展示和集中推介,引领、带动更多"双创"青年立足自身实际,勇于创业、敢于创新,在"双创"的时代浪潮中接受洗礼,增长才干,实现价值。

报送单位:共青团广安市委
执笔人:舒毅、张慧芳

坚持以人为本理念
探索拥军优属新路

面对日益变化的新形势，华蓥市民政局始终坚持以人为本理念，以涉军人员利益为出发点和落脚点，多措并举，多管齐下，有效解决了涉军人员的实际困难，使军政军民关系更加密切。

一、背景

华蓥市全市涉军人员总数超万人，其中残疾军人、在乡老复员军人、带病回乡退伍军人、参战参核退役人员、60岁以上农村籍退役士兵、60岁以上农村籍烈士子女等重点优抚对象3 400余名。这些重点优抚对象，曾为国防建设事业和地方经济社会发展做出过重要贡献，人数多、身份特殊、影响大。做好涉军人员的关爱慰问工作，对于社会和谐稳定和地方经济发展具有十分重要的意义。

二、做法

1. 尊重人格，以"情"感人——满足荣誉感和自豪感

华蓥市历届市委市政府对退伍军人始终坚持以情感人和以信念鼓舞人。市领导在多个场合反复讲："尊重，要作为华蓥市涉军工作第一原则，要尊重退伍军人的荣誉感和自豪感，唤醒他们的革命信念。"多年来，华蓥市采取一名市级领导定点联系一个乡镇，每个市级机关联系2~3户的方式，在建军节、春节等重大节日期间，由市级领导亲自带领联系单位，联户帮扶和上门关爱全市1 000余户农村重点优抚对象，既满足了退伍军人的荣誉感和自豪感，又增进了军政军民关系。同时，相关领导还邀请10余名残疾军人、对越作战退役人员、下岗转业士官等退伍军人代表召开座谈会，将尊重、关爱之情传递给退

伍军人。此外，华蓥市委市政府每年都召开多次涉军工作会议，落实出台政策文件，长期坚持领导亲自接待和处理退伍军人事宜。

华蓥市庆祝建军 90 周年座谈会

2. 落实政策，以"法"服众——避免负面骨牌效应

在涉军人员利益问题上，华蓥市民政局始终坚守政策底线，坚持以政策为准绳，严格落实《军人抚恤优待条例》及其他涉军政策规定，建立了涉军人员优待、生活、住房、医疗、养老等多层次的保障体系；率先实现优抚金按季由银行打卡直发，严格落实退役士兵自主择业补助金，逐年提高城乡义务兵家属优待金，全面兑现现役军人立功受奖奖励金；执行涉军政策不折不扣，不破不超，确保不出现因基本涉军政策没落实、乱落实导致的不稳定事件。

3. 整合救助，以"策"助困——解决涉军户实际难题

一是解决生活难。华蓥市民政局对符合低保救助条件的涉军人员，将其及时纳入低保；对部分因重大疾病、突发灾害导致家庭生活困难的涉军人员，给予临时救助。华蓥市民政局每年下拨建军节、春节拥军优属慰问补助金到乡镇，由乡镇对重点优抚对象进行慰问。二是解决看病难。华蓥市民政局出台全覆盖、多体系的《华蓥市优抚对象医疗保障实施办法》，重点优抚对象全部享受免费城乡医疗保险政策和优抚对象医疗补助政策。另外，还建立伤残军人大病特别救助制度。永兴镇越战退役七级残疾军人谯某，患鼻癌花费巨大，在按规定报销医疗保险、发给医疗补助后，自负费用仍高达 7 万余元，市民政局为

社会建设类 | 147

其解决了 4 万多元的大病特别救助金。三是解决住房难。近年来，市民政局补助资金共计 80 多万元，为全市 60 余户农村住房困难涉军人员家庭新（改）建了住房。

巡回医疗组为"爱心功臣"检查身体

4. 特事特办，以"活"求和——辅助政策稳固基础

一位年近九旬的抗美援朝残疾军人，其子在部队牺牲被评为烈士。按规定，多重身份的优抚对象享受待遇"就高不就低"。老军人虽为烈属，因自己是残疾军人而不能再享受烈属待遇，质疑政策规定的合理性。对此，华蓥市民政局既维护政策的严肃性，又灵活采取其他救助办法安抚老人，并据此引发思考，向上级提出了政策修订建议。这种以灵活救助手段解决优抚政策滞后的办法，实实在在起到了政策"辅助器""减震器"和"润滑剂"的作用。

5. 峰回路转，以"巧"制胜——精心破解维稳难题

一是接待接访巧用方法。华蓥市民政局工作人员通过耐心细致的交流、真诚温馨的沟通、准确到位的处理，忠实做来访者的"听（受）众""出气筒"等角色，巧妙化解他们的心结和问题，把可能激化的矛盾消除在萌芽状态。二是疑难个案另辟蹊径。遇到疑难个案在沟通失效的情况下，华蓥市民政局工作人员转变工作思路，找准切入点，解决疑难问题。

三、启示

其一，保障合理利益诉求。从切实解决人民群众最关心、最直接、最现实的利益问题出发，对涉军人员该享受的政策待遇，我们按标准及时足额发放，

确保国家、省市各项政策待遇落实到位。

其二，疏导失常心理情绪。一是从思想上用发展的观点来疏导。我们要引导涉军人员在思想认识上树立差别意识，使其充分认识到在不同时期或同一时期的不同地区、行业之间存在的差别。二是从心理上用公平的理念来疏导。讲清楚只有相对公平，没有绝对公平。三是采用分散疏导方式。对涉军人员群体性上访，我们要区别对待，针对个人进行思想工作，化解压力。

其三，维护神圣法律尊严。一是要依法保护涉军人员的正常上访行为，并在法律法规框架内对问题依法进行解决。二是针对极少数妨害公共利益和公共安全的涉军人员，尽可能用耐心和诚心去教育；对屡教不改且构成违法的，必须坚决依法采取有力措施，匡扶社会正义，维护法律尊严。

报送单位：华蓥市民政局

执笔人：蒋德安、钟建成、张慧芳

古桥街道发挥老年余热创新基层治理

人口老龄化是当今世界普遍关注的社会问题,中国是世界老年人口最多的国家之一。随着我国经济社会水平的不断提高,年轻、有劳动能力的人群不断涌入城市,推动城市化进程不断加快,空巢老人、留守儿童成为社会关注的群体。

一、背景

古桥街道2004年10月建制,地处四川省华蓥市城乡接合部,距城中心2.5千米。古桥街道东连华蓥山,北接蓥城,西临渠江,南与阳和镇比邻,辖6个行政村、1个居委会、40个村(居)民小组,人口1.8万余人,其中60岁以上老年人3 500余人,占总数的近20%。古桥街道老年人口居多,大部分年轻、有劳动能力的人群外出务工,农村多为空巢老人、留守儿童。老年人精神文化缺失,空巢老人、留守儿童、孤残青年等弱势群体缺少关爱,社会矛盾比较突出。为了创新社会治理,发挥老年人余热,古桥街道探索出了"以老管老、以老管群、以老管小、以老管特"的基层治理新路径,组织引导广大老年人参与农村社会建设和治理,从而提高老年人生活质量,解决人口老龄化带来的一系列社会问题。

二、做法

1. 成立老协组织

2008年10月,古桥街道成立了老年人协会;2009年,各村(社区)相继成立老年人协会。2012年3月,古桥街道老年人协会党支部建立;2017年5月,古桥街道古桥社区老协党支部、兴隆村老协党支部成立,现有党员55人。截至2017年8月,古桥街道老年人协会拥有会员1 800余人,让1 800余名老人找到了家的感觉。

古桥街道古桥社区老年人协会成立大会

家住古桥街道回龙村的刘仁同现年83岁，儿子常年在外包工，尽管依靠儿子的供养，老人不愁吃穿，但是精神上的缺失却难以弥补。老年人协会成立后，老协会员们轮流到他家中陪伴谈心，长年累月，老人倍受感动，主动申请加入老年协会。刘仁同老人说："在老年人协会中，我能感受到家的温暖。"

2. 构建四大平台

2009年4月，古桥街道率先在全省成立第一个"老年和谐先锋队"，又相继成立关心下一代工作委员会、老年大学、老年体育协会、老年和谐先锋队。

一委——关心下一代工作委员会。为充分发挥"五老"人员的先锋模范作用，关心下一代工作委员会开展了"五失"青少年及留守学生关爱活动，实现了"老有所教"。

一校——老年大学。为丰富老同志精神文化生活，营造全民学习、终身学习的良好氛围，老年大学为老年人提供学习、娱乐平台，实现"老有所学"。

一会——老年体育协会。老年体育协会组建健身气功、太极拳、文艺节目等表演队，开展各种有益老年人身心健康的文体活动，提高老年人的生活质量，实现"老有所乐"。

一队——老年和谐先锋队。以村（社区）和街道机关为单位，古桥街道成立了8支和谐先锋队，共有59名队员，主要负责法律政策宣传、矛盾纠纷调解、维护群众合法权益等，实现"老有所为"。

3. 开展五大活动

一是政策法规宣传。古桥街道老年人协会充分发挥党和国家"传声器"作用，结合"法律七进"广泛宣传婚姻法、人口与计划生育法等各项法律法规，以及精准扶贫等惠农政策和街道低保、救助的办理条件、办事流程等，以进村入户宣讲、院坝宣讲、文体宣讲等方式宣传党的方针政策，大力普及群众法律知识。

古桥街道老年人协会党支部宣传党的方针政策现场

二是矛盾纠纷调解。针对信访问题比较突出、矛盾纠纷比较多、人群多为老年人的现象，老年和谐先锋队队员们不计报酬，专门调纠纷、管"闲事"。

2009年的夏天，由于对征地拆迁的不理解，300多名群众将宏云水泥厂大门口堵得水泄不通，且带头的都是老年人。在此紧要关头，老年和谐先锋队队员赶到现场，耐心讲解征地拆迁的相关事宜，双方最终达成了"厂社共建协议"，事情圆满解决。

家住土桥村的王某曾是村里最爱"扯皮"的人，因与铁路施工队的矛盾而多年上访。自从加入老年人协会并成为和谐先锋队的队员后，王某常常走在调解纠纷的前列，2012年被四川省文明办评为"四川好人"。

近年来，老年和谐先锋队开展巡回调解36场次，成功调解矛盾纠纷889余件，成功预防群体性事件25起，基本实现"小事不出村（社区）、大事不出街道",促进社会和谐稳定。

古桥街道老年人协会巡回调解大会现场

三是关心、关爱、帮扶。老年人协会将每月第一个星期四定为"空巢老人关爱日",把70岁以上高龄、体弱多病、家庭贫困的空巢老人定为重点对象开展关爱帮扶工作,并组织"五老"人员资助贫困学生,让他们感受到社会温暖。

蒋思雨和蒋燕雨是古桥街道合力村的一对双胞胎,父亲常年患病,母亲没有工作,家里无力承担学费,合力村老年协会毅然出手相助,与当地幼儿园成功商定让两个娃娃免费读书。

合力村73岁空巢老人唐某患了皮肤病,大家都不敢与他接近,让他一度有轻生的念头。老年协会了解情况后,安排会员轮流到老人家中陪其聊天、帮忙做饭、帮忙洗衣,一陪就是五年,直到老人去世。

四是发展老年体育。古桥街道以村(社区)老年人协会为单位,组建7支文体队伍,组织村民开展打太极拳、练健身气功、跳坝坝舞等文化体育活动;每逢元宵节、重阳节等重要节假日,开展文体表演比赛。老年文体队伍先后多次代表华蓥市参加广安健身气功、太极拳等比赛,并多次荣获健身气功比赛优秀奖。

五是先进典型示范。古桥街道每年进行系列"先进"评选,在重大节庆活动上表彰奖励先进人员,并通过多渠道广泛宣传,大力营造比先进、学先进、赶先进的良好风气，先后评选出全国先进道德模范 1 人、省级先进模范 1 人、市级先进模范 2 人、街道先进模范 10 余人。

三、启示

古桥街道老年人协会经过多年的发展，会员已经达到 1 800 人，俨然成为一支维护社会和谐稳定的生力军，在该地区农村的治理中发挥着举足轻重的作用，为基层社会治理提供了一条新的渠道。

其一，老年人协会发挥了村支"两委"的得力助手作用。老年人协会在调解矛盾纠纷、活跃老年人文体生活、关心下一代等方面都发挥着积极的作用。因此，我们要继续大力加强农村基层老年群众组织建设，通过让老年人协会参与村支"两委"、村务监督委员会日常工作等方式，协同推进村支"两委"日常工作。

其二，老年人协会要不断创新工作，实现健康持续发展。老年人协会要不断完善会员章程，规范会员行为；坚持例会制，实现活动常态化；由会员缴费、社会捐助、经费补助等方式筹措经费，确保工作运转，实现"以老管老、以老管群、以老管小、以老管特"，不断推动老协健康发展。

报送单位：华蓥市古桥街道办事处
执笔人：陈红川、张慧芳

扶贫对象精准管理的"三个一"模式

习近平总书记在贵州等地调研扶贫工作时,反复强调要"扶真贫、真扶贫""精准扶贫要扶到点上、根上",要用"绣花"的功夫实施精准扶贫,要坚决杜绝数字脱贫和虚假脱贫。如何实现脱贫攻坚扶贫项目精准、扶贫措施精准、驻村帮扶精准、脱贫成效精准,是推进脱贫攻坚工作过程中必须思考的问题。

一、背景

广安区作为全省首批五个"摘帽"县之一,聚焦重点、难点问题,结合工作实际,深入思考、主动创新,以四川省脱贫攻坚"六有"大数据平台为依托,充分利用"六有"数据平台成果,采取痕迹化管理方式,创新研发精准扶贫手机软件信息管理平台,建立了"痕迹管理记录+二维码信息卡+手机软件信息管理平台"三位一体的脱贫攻坚痕迹管理新模式,为推动脱贫攻坚实现"六个精准"奠定了坚实基础。

二、做法

1. 建立一本痕迹管理台账,实现精准脱贫有迹可循

为确保脱贫攻坚工作可查询、可追溯、可问责,广安区在全省率先探索建立了精准扶贫、精准脱贫痕迹管理台账,为每户贫困户发放《痕迹管理记录簿》。一是详细记录贫困户家庭基本情况,包括贫困户基本情况、基本生活条件、人均纯收入等。二是记录贫困户帮扶规划,主要是贫困户精准帮扶规划方案,包含生产发展扶持、教育培训、就业创业、移民搬迁安置、低保政策兜底、医疗救助扶持、灾后重建和其他项目等。三是提出帮扶措施,设置贫困户精准帮扶年度痕迹记录表,包含帮扶责任人、帮扶情况、增收情况、是否

"回头看"等内容。四是记录帮扶成效,将贫困户每月、每季、每年收入、支出情况,按照收支渠道分类采集记入人均纯收入测算表,测算贫困户年度收入情况,准确了解帮扶成效。《痕迹管理记录簿》由帮扶责任人或贫困村第一书记进村入户,面对面采集相关信息数据并适时更新,贫困户签字或按手印确认。广安区通过《痕迹管理记录簿》详细记录贫困户帮扶措施落实情况和收入增长情况,一方面,实现了扶贫工作痕迹可查询,为灵活、动态调整脱贫举措,督促各地各部门务实开展工作提供依据;另一方面,实现了脱贫收入能测算。通过对贫困户收入的测算,适时开展统计分析,及时帮助贫困户调整脱贫方式,达到贫困户能算账、会算账的目的。

2. 制作一张二维码信息卡,实现"扫一扫"动态管理

为实现脱贫攻坚管理便捷化、过程透明化、监督社会化,不断提升脱贫攻坚效率和公信力,广安区在贫困户《痕迹管理记录簿》信息基础上,引入大数据和云平台,以手机作为查询管理载体,创新建立二维码识别管理系统。广安区通过把贫困户《痕迹管理记录簿》信息详细录入二维码系统,对应生成二维码图片,将二维码信息卡张贴在贫困户门上,实现精准帮扶公开化、透明化。贫困户二维码信息卡,采取一次生成、后台更新维护的方式制成,授予贫困村第一书记二维码系统后台信息管理权限,由第一书记负责相关数据信息录入更新维护工作,做到信息随时更新。各级各部门、社会人士可随时扫描二维码,查看贫困户家庭信息、结对帮扶人员情况、脱贫帮扶举措落实、脱贫攻坚成效等信息。二维码信息卡的运用,让扶贫工作的动态管理更加高效、成效展示更加直观、群众监督更加直接。二维码动态管理形式,一是有利于及时查看贫困户的收入情况,方便各级帮扶人员第一时间掌握贫困户第一手资料;二是有利于随时查询帮扶部门、帮扶人员帮扶工作开展情况,全面掌握脱贫攻坚责任落实情况,倒逼"五个一"帮扶力量工作落实落地;三是有利于全面了解贫困户致贫原因、享受的保障政策、脱贫增收渠道,存在的具体困难和脱贫攻坚工作中实施的帮扶项目等情况,及时采取改进措施,针对性查漏补缺,提升脱贫攻坚实效。

3. 搭建一个手机软件信息管理平台,构建三维精准扶贫管理体系

广安区通过借鉴全省"六有"信息平台相关功能模块和指标体系,在痕迹管理记录簿和二维码信息卡的基础上,通过数据共享,研发建成手机软件信息管理平台。信息平台设有区、乡、村三级界面。其中,区级界面包含本区域脱贫攻坚基本情况、政策汇集、规划方案、项目管理、工作动态、社情民意、督查曝光、帮扶查询、乡镇选择九大板块。广安区脱贫攻坚作战室通过电脑终端连接大型显示屏,方便决策者随时指挥、督导全区脱贫攻坚工作。乡镇界面

包含情况简介、扶贫政策、脱贫规划、项目管理、脱贫动态、社情民意、帮扶查询、贫困村选择八大板块。同时，广安区在各乡镇设置电脑终端，安排专人定期进行系统维护。村级界面包含本村基本情况、"五个一"帮扶动态、扶贫政策落实、脱贫规划、贫困户帮扶痕迹管理、帮扶成效、帮扶查询、爱心帮扶八大板块，在村活动室设置触摸显示屏，村级信息平台由贫困村第一书记负责信息收集、登录、更新等工作，村民可随时查询帮扶信息。手机软件信息管理平台是集管理、宣传、公示、监督、互动"五位一体"的综合平台，具有信息管理、政策宣传、社会监督、民意收集、成效展示五大功能，确保了脱贫政策落地更加精准，帮扶措施更加接地气，脱贫工作推进更加顺畅，脱贫成效惠及每个贫困家庭，实现了脱贫攻坚网络化、信息化。

三、启示

其一，始终树立创新意识。在推进精准扶贫、精准脱贫工作中，广安区注重思维创新、方法创新，运用系统已有成果，根据自身使用，细化信息模块，建立"痕迹管理记录+二维码信息卡+手机软件信息管理平台"三位一体的脱贫攻坚管理新模式。

其二，始终着眼"精准"二字。脱贫攻坚重在精准，广安区建立的"痕迹管理记录+二维码信息卡+手机软件信息管理平台"三位一体的脱贫攻坚管理新模式，从贫困户基本信息采集、扶贫项目规划实施、帮扶过程监管、贫困收入监测等方面，确保了脱贫攻坚工作可查询、可追溯、可问责，实现了脱贫攻坚举措精准、规划精准、管理精准、成效精准。

其三，始终注重系统印证。广安区建立的"痕迹管理记录+二维码信息卡+手机软件信息管理平台"三位一体的脱贫攻坚管理体系，具有明确的针对性。痕迹管理记录主要方便贫困户对自身帮扶措施、帮扶成效的了解，是对国家扶贫办制发的帮扶工作手册内容的补充完善；二维码信息卡主要方便帮扶工作组、普通群众了解帮扶动态，加强对扶贫工作的监督；手机软件信息管理平台则更加有利于区委区政府从全区层面对精准扶贫工作实时调度、巡查监管，更加有利于广泛宣传扶贫政策、展示扶贫成效。脱贫攻坚管理体系既相互联系又相互补充、相互印证，以便确保精准扶贫管理工作的系统性、完整性，确保扶贫工作不留死角、不落一户。

报送单位：广安市广安区脱贫攻坚领导小组办公室
执笔人：王濠、张丽丽

伟人故里的和谐使者：
广安郭太平调解工作室

在广安区委、区政府的领导下，在广安市矛盾纠纷大调解工作领导小组的指导下，广安区人民调解委员会以维护社会稳定为首要任务，以建立健全大调解工作机构为重点，以构筑"大调解"工作格局为目标，坚持"调防结合、以防为主"的工作方针，协调相关部门，充分发挥各部门职能作用，深入扎实开展矛盾纠纷调解工作，在及时有效地化解各类社会矛盾纠纷方面取得一定进展和突破。

一、背景

广安郭太平调解工作室（简称郭太平工作室）成立于2009年11月，现在有5名专职人民调解员，办公面积达210平方米，办公设备齐全。它是以郭太平同志姓名命名的个人调解工作室。郭太平是中华全国人民调解员协会理事，荣获全国模范人民调解员、四川省优秀共产党员、四川省劳动模范、四川省"三大主题"活动先进个人、四川省"十大调解能手"、四川省"大调解"工作先进个人。郭太平工作室是在完善"大调解"工作体系，打造调解品牌，适应维护社会稳定、促进社会和谐需要的历史背景下应运而生的。它的成立标志着广安区人民调解工作走上了专业化、职业化、社会化的发展轨道。

二、做法

1. 健全机制，深化人民调解广安模式

广安区把"大调解"工作摆上重要议事日程，迅速建立健全组织机构，在辖区内的乡镇、社区设立矛盾纠纷调解中心和调解室，实现工作上与广安区人民调解委员会的相互协调和配合。同时，广安区及时健全优化人民调解员人才库和专家库，调整充实人民调解委员会的工作力量。广安区采取政府购买专业调解服务模式，通过律师介入化解社会矛盾，提高人民调解效率。广安区通过运用社区网格化管理平台，及时、准确掌握纠纷发展态势，做到底数清、情况明、早发现、早介入、早解决。通过各项组织机构的健全和完善，广安区逐步形成了上下贯通、左右衔接、配合联动的矛盾纠纷"大调解"工作网络体系。这对及时快捷地调处、化解各类矛盾纠纷，有效维护社会稳定具有重大意义。

2. 真情为民，倾力搭建和谐桥梁

为避免当事人"申诉无门"，广安区人民调解委员会由一名专职副主任负责日常工作，遵循"有事则聚，无事则散"的联动工作原则，负责辖区内各类矛盾纠纷的排查、调处等工作；并将明星人民调解员所在的调解工作室打造为化解社会矛盾的主战场，充分发挥明星人民调解员的示范引领作用，通过化解各类纠纷，促进社会和谐。同时，广安区人民调解委员会还聘请信息员，及时排查、反馈存在于基层群众中的各种不稳定信息，化解各类矛盾纠纷，有力地保证了信息的灵敏、畅通，确保了矛盾纠纷能够在第一时间得到及时有效的发现、调处、化解。

多年来，广安区人民调解委员会一直秉承着"调解成功只是起点，化解纠纷没有终点，情感才是维系社会和谐的纽带"的观念。在调处矛盾纠纷工作中，广安区人民调解委员会时刻将群众的冷暖和期盼放在心上，将群众当亲人，用自己的行动，在党群、干群之间搭起一座座"连心桥"，谱写出一首首调解"为民曲"。广安区人民调解委员会在做好调解工作的同时，更加留意帮扶解决群众的困难，及时向党委政府反映群众的期盼。遇到有困难的当事人，广安区人民调解委员会的调解员时常主动从自己微薄的工资中拿出一部分钱为群众送去"及时雨"，表达自己的一番心意。"只有我们把群众当亲人，群众才会把我们当亲人。"要时刻心中装着群众，牵挂群众冷暖，想群众之所想，急群众之所急，盼群众之所盼。近年来，广安区人民调解委员会先后为兴平镇王某办理了低保、大病救助，并协助其修房建屋，为奎阁街道陈某协调解决了住房问题……

3. 甘当人梯，扬弃创新薪火相传

近年来，广安区人民调解委员会在调解工作中不断进行总结提炼，开拓创新。针对社会实际，广安区人民调解委员会深入挖掘中国传统和谐文化内涵，创造性地提出建设"法为上、和为贵、调为先、让为贤"的调解理念，将忠、孝、礼、悌等内容以群众喜闻乐见的形式编写成顺口溜，在群众中广为传唱，以此带动创作出的一大批优秀调解文艺作品，在全区广大群众中引起了强烈反响。如今"遇事多谦让，有事先调解，共同促和谐"成为群众的共识。

广安区人民调解委员会主动与信访、法院、检察院等部门衔接，探索建立了访调对接、检调对接、司法调解与人民调解对接的工作机制，使得一大批疑难信访问题和民事纠纷案件得到圆满调解。

为进一步加强广安区综治干部队伍建设，提高基层综治干部的业务水平，增强工作的主动性和能动性，广安区政府划拨100余平方米的办公场地，在郭太平调解工作室建立人民调解员培训中心，举办基层调解员业务知识培训，先后组织开展乡、村调解员专题培训班30余场次，培训人数共计38 600余人次，为广安区大调解工作培养了一批调解能手和专家；同时，还结合广安区实际情况，充分利用法制宣传、现场调解纠纷等多种形式对村级调解人员进行业务培训，为矛盾纠纷调解工作的开展提供了有力保障。

三、启示

其一，努力按照"六有四落实"和"六统一"的规范化建设标准，不断建立健全管理制度，规范调解流程，积极打造一流个人调解工作室，秉承"调解就是办案""调解就是执法""调解就是管理""调解就是服务"的理念，坚持抓早、抓小、抓苗头的工作思路，充分发挥人民调解品牌引领作用，如此才能切实预防、化解重大疑难矛盾纠纷，努力为党委政府分忧，为政法部门减压，为人民群众解难。

其二，坚持与时俱进，开拓创新。正是在此基础上，广安区人民调解委员会总结提炼出"调解处置重大疑难矛盾纠纷十心法"，并在全市人民调解工作实践中得以广泛运用，为人民调解"广安模式"的创立和发展做出了突出贡献。

报送单位：广安市广安区司法局
执笔人：白雪、张丽丽

武胜县奏响网格交响和谐乐章

从 2013 年开始,"网格"成为武胜县千家万户耳熟能详的词语,"格格"成为武胜县大街小巷和谐交响的音符。作为一项构筑社会和谐的民心工程,网格化服务管理工作自开展以来,使全县群众安全感、满意度和幸福指数逐年提升。新华社、《求是》杂志、中国长安网、《四川日报》等多家媒体推介了"武胜经验"。

一、背景

武胜县位于四川盆地东部,四川、重庆两省市接合部,嘉陵江中下游,隶属小平故里广安市,面积 966 平方千米,辖 31 个乡镇,515 个行政村,41 个社区,总人口 85 万。与全国许多地方一样,武胜县正处在加快发展的攻坚期、深化改革的关键期、全面小康的爬坡期。随着经济社会持续快速发展,基层不稳定因素日益增多,原有的政府服务管理模式受到严峻挑战。面对新形势、新要求,武胜县紧紧抓住全省网格化服务管理工作试点县的有利契机,秉持"群众冷暖我牵挂,群众需要我服务,群众满意我快乐"的服务管理理念,积极探索"小角色解决大问题、小网格服务大民生、小社区孕育大平安"的服务管理新模式,迈出了基层社会治理的新步伐。

二、做法

1. "三个到位"强保障

一是网格划分到位。按照"属地管理、任务相当、界定清晰、方便服务"原则,全县共划分网格 699 个,实现横向到边、纵向到底、全域覆盖。按照"人进户、户进房、房进网格、网格进图"的原则,武胜县将网格内的人、地、物、事、组织与三维仿真电子地图绑定,一张地图容纳网格海量信息,鼠标一点全知网格实时动态。二是力量配备到位。武胜县委县政府高规格设立武胜县网格服务管理中心，加强对全县网格化服务管理工作的统筹协调、督促指导。按照"一格一员"要求，陆续考聘专职网格员172名，聘请兼职网格员1 290名，全县上下形成了"党委领导、政府主导、网格协调、部门配合、乡镇实施、社会参与"的齐抓共管工作格局。三是经费保障到位。武胜县委县政府将网格化服务管理工作所需经费全部纳入财政预算，足额保证。武胜县网格中心的公用经费按县上同类单位的最高标准执行；武胜县财政单列项目经费90万元用于对乡镇网格化工作进行考核；全县172名专职网格员工作补助按公益性岗位享受最低生活保障，另给予人均300元/月的考核奖励金；农村1 290名兼职网格员采取以奖代补的形式，预算每村1 200元/年，足以确保有钱办事。

2. "三全推进"聚合力

一是建立三级平台全域覆盖。坚持上下联动、协同配合，武胜县充分整合基层资源，建立县社区、乡镇社区和社区网格服务管理中心"三级平台"，推进各级服务管理平台有效对接、互联共通，实现基础信息网上录入、办事服务网上管理、工作过程网上监督、责任目标网上考评，以此整合三种资源，保证全面对接。同时，武胜县通过强化信息系统、部门力量、平台建设的整合利用，积极推进资源共享、工作互促。二是建立"网格服务管理员+部门"双向动态采集机制，规范政府部门延伸到社区的公共服务事项，优化整合公安视频监控、民情受理反馈平台和社区网格服务管理资源，实现各类要素资源集聚融合。三是构建四大机制的全程服务功能。按照"分级管理、属地为主"的原则，武胜县建立健全以流程再造为基础，以事要解决为目标的联动运行机制，不断提高社会服务管理科学化、精细化水平。武胜县建立问题协同解决机制、信息研判处理机制、畅通民意表达机制、考核考评追究机制，确保小事不出网格，大事不出乡镇，实现快速运转、快速反应、快速处置。

3. "三化服务"见成效

一是开展组团化服务。按照"权随责走、费随事转"的原则，武胜县积极探索社区为职能部门代理事务、网格服务管理员为群众代办事宜的"双代服务"，构建起社区网格"一刻钟服务圈"。同时，武胜县将社保、民政、计生等基层服务管理资源进行"打包"整合，全面推行首问负责、限时办结、错时上班、全程代理等便民措施，为社区居民提供"一条龙、便捷式、组团化"服务。二是开展精细化服务。武胜县坚持把保障和改善民生作为网格化服务管理的工作重点，有效整合部门、社区资源，深入了解群众对城市建设、医疗服务、环境整治、文化建设等方面的意见和建议，切实解决教育、就业、社会保障、医疗卫生等社会热点难点问题，做到民有所想、我有所谋，民有所呼、我有所应，民有所求、我有所为。三是开展个性化服务。武胜县坚持把化解矛盾作为网格服务管理的基本任务，网格服务管理员深入网格，走街串巷、进家入户，实现矛盾纠纷收集排查调处关口前移，及时将矛盾纠纷解决在基层，消除在萌芽状态。自试点工作开展以来，网格化服务管理中心共化解矛盾纠纷100余起，95%的问题就近解决在网格，网格服务管理员被群众亲切地称为"和谐天使""管家格格"。

三、启示

其一，推行网格化管理，科学划分网格是基础。网格化服务管理，就是将社区、园区、景区、场镇、农村（村组）划分为若干单元，每个单元为一格进行服务管理。"小网格"并不是网格越小越好，而是要按照网格规模适度、单位属性相近、便于管理服务等要求，进行科学合理的网格划分，确保社会管理触角覆盖到方方面面，确保每个基础网格都能发挥作用。

其二，推行网格化管理，搭建管理平台是关键。创新基层社会治理，不仅要有把握全局的宏观视角，更需要基于互联网与大数据技术的信息管理与服务平台提供技术支撑。网格化服务管理平台，就是利用网格理念和现代信息技术，科学整合社会服务管理力量，实现政府各职能单位"一口受理，全网协同"，推动社会管理信息化、标准化、精细化。

其三，推行网格化管理，优化服务效能是重点。网格化服务管理，是延伸服务触角，促进政府职能转变的有效办法，是提升管理效能的重要导向。网格化服务管理工作，就是要让网格员成为党委政府的"千里眼"和"顺风耳"，让以前社区"看得见、管不了"的问题有人管，让以前部门"管得了、看不见"的问题能在第一时间发现，实现"信息在一线采集，问题在一线发现，难题在一线解决"。

报送单位：广安市综合治理办公室
执笔人：杜小虎、高小华、张丽丽

易地扶贫搬迁：
告别"一方水土养不了一方人"

当前，四川省扶贫工作正在加速推进，易地扶贫搬迁作为最难啃的"硬骨头"，主要是为了解决"一方水土养不了一方人"的贫困问题。然而，在实际的易地扶贫搬迁实施过程中，人搬迁走了却贫穷依旧，"搬得出"却"留不住"，同时还存在搬迁与发展不同步的问题，显然这些都有悖于易地扶贫搬迁政策的初衷。如何实现永久性脱贫、可持续发展？这需要政府下足功夫，尽快完善搬迁后的服务和措施。

一、背景

前锋区作为四川省首批脱贫摘帽县，按照"五年任务一年完成"的工作要求，2016年实施易地扶贫搬迁776户2 198人，建设易地扶贫搬迁集中安置点22个，集中安置231户659人，分散安置545户1 539人。截至目前，易地扶贫搬迁农户已全部搬迁入住。前锋区坚持挪穷窝与改穷业并举、安居与乐业并重、搬迁与脱贫同步的原则，探索出三种促进搬迁户实现永久性脱贫、后续发展的脱贫增收措施，确保搬迁群众"搬得出、稳得住、有事做、能致富"。

二、做法

1. 做深做实产业经济促增收，因地制宜"换穷貌"

在易地扶贫搬迁工程中，哪些群体需要发展？贫困群众搬迁后怎么发展？这些都离不开"产业"二字。所以，必须在综合考虑各方面实际与资源的前提下做出选择，坚持长短结合、种养结合、种加结合，夯实搬迁群众持续增收支撑。一是庭院经济固本。前锋区按照30万元/村的标准鼎力支持群众发展庭院经济，在分散安置点，大力推广"院前种植、院后养殖"模式，免费发放鸡鸭、菜种，让每个搬迁户都有一个以上增收项目；在集中安置点，科学规划种植区、养殖区、居住区，按照"宜种则种、宜养则养"原则，每个集中安置点配套建立一个以上"脱贫致富产业园"，实现户均增收1 800元。二是龙头企业牵引。前锋区借助龙头企业资金、技术、管理、市场优势增强持续增收带动力。前锋区省级农业龙头企业和诚林业采取"企业+农户""企业+农业公司+农户""企业+专合社+农户""企业+村集体+农户"四种模式，带动贫困村、贫困户订单种植"广安青花椒"8平方千米，以市场保底价回收，按比例分成，帮助搬迁户户均增收近3 000元。三是农业公司助力。前锋区盘活村级资产、资源、资金规范组建农村农业公司，科学量化分解股权，建立利益分配机制，以规范化运作促进长期增收。四是专合组织引领。前锋区发挥专业合作社外联市场、内联农户、分担风险、技术支持的作用，帮助易地扶贫搬迁户稳定增收。前锋区石船村养鸡合作社建立"公司+合作社+贫困户+扶贫小额信贷"模式，合作社投入资金、林地，养殖企业负责技术和销售，40余户搬迁户以扶贫小额信贷资金量化股权形式参与经营，村集体、养殖企业、搬迁户按2∶3∶5比例分享合作社年纯收益，搬迁户户均实现增收2 000元以上。五是乡村旅游带动。前锋区坚持产村相融、农旅结合发展思路，以现代服务业拓宽增收渠道。前锋区围绕产业基地发展农业观光旅游，加强对贫困村、安置点旅游资源的开发和对特色文化、民俗文化集聚村的保护，引导贫困村大力发展乡村旅游、特色旅游，倾力打造代市镇会龙村桃园悦野、光辉乡高岭村千佛庵、小井乡大良村古城等乡村旅游景点，初步形成了"一山一水"30千米乡村旅游示范带。

2. 做深做实就业创业促增收，尊重民意"改穷业"

贫困群众既是易地扶贫搬迁的主体，也是受体，只有充分尊重群众意愿，开展异地扶贫搬迁工作，才会让贫困群众有更多获得感，才能提高贫困群众的满意度。尊重民意，就是需要充分了解群众所需、所想，与群众一起出谋划策，使其从被动扶贫转变为主动参与。前锋区坚持因地制宜、按需施策、一户一策，让搬迁群众"有事做"。一是强本领。前锋区整合农业、林业、畜牧、人社、科技等资源，按照搬迁户择业意愿，对搬迁户进行精准培训指导，确保有劳动能力的搬迁群众家中至少有1名技术"明白人"。二是供岗位。前锋区通过就业补贴、减免部分税收等方式鼓励本地企业、村级农业公司、专合组织吸纳搬迁户劳动力就业，帮助527名搬迁群众就近就业；搭建供需平台，实现搬迁户劳务输出236人；在移民安置点就地开发治安协管、道路维护等村级公益性岗位，帮助127名搬迁群众解决就业问题。三是精管理。前锋区落实贫困家庭劳动力实名制动态管理制度，实行贫困家庭劳动力月报送，保障就业及时跟踪服务；在贫困村设立劳动保障协理员，按每人每月300元的标准给予补助，全程跟踪帮助搬迁户就业创业。

3. 做深做实服务保障促增收，科学谋划"拔穷根"

搬迁只是手段，脱贫才是目的。要解决易地扶贫搬迁过程中产生的各类问题，关键需要聚焦生产"拔穷根"，即要在搬迁的同时，跟进脱贫措施，着力提高易地扶贫搬迁人口的后续发展能力，努力做到"搬得出、稳得住、能发展"。产业发展不是一日之功，它涉及资金的筹措、政策的保障、资源的倾斜等问题，而科学规划是产业发展的前提，在易地扶贫搬迁过程中要充分发挥脱贫攻坚成效，扎实做好搬迁群众后续发展帮扶服务。一是拓宽帮扶圈子。前锋区拓展"百企帮百村"精准扶贫活动，引导87户辖区企业与84个贫困村结成帮扶对子，发挥机关、企业食堂对农副产品需求量大的优势，与贫困村级农业公司签订农副产品购销协议，通过订单购销农副产品，稳定农产品销售渠道，解决市场难题。二是强化金融保障。前锋区建立易地扶贫搬迁户"一户一册"金融扶持台账，落实税费减免、扶贫小额贷款、创业担保贷款贴息等优惠政策，为355户搬迁户发放扶贫小额信贷1 100万元，保障搬迁群众就业创业资金需求。三是加强技术支持。前锋区落实"1个搬迁集中安置点1名技术员"制度，派驻22名农业技术人员到全区各集中安置点开展技术帮扶，提高搬迁群众产业发展技能。四是创新电商服务。前锋区整合"供销+电商"资源，依托农村百货店、小卖部等实体店铺建设"e农家购"农村电商服务点31个，实现省定贫困村农村电商网点全覆盖，打通农产品销售"最后一公里"；帮助开展农超对接，让优质农产品进入永辉超市、新世纪百货供应链条，让搬迁群众种得下去、卖得出去。

三、启示

易地扶贫搬迁是功在当代、利在千秋的惠民工程。李克强总理批示指出："易地扶贫搬迁是打赢脱贫攻坚战、提升特困地区民生福祉的重点关键。"前锋区在易地扶贫搬迁工作上行动快、方法多、措施明，敢于拼搏、勇于担当，是广安市易地扶贫搬迁的重要力量，主要有以下几点启示：

其一，全力做好搬迁领导工作。前锋区委区政府始终高度重视易地扶贫搬迁工作，区级主要领导多次召开专题会议，反复研究讨论易地扶贫搬迁政策，部署安排项目推进工作。前锋区发展和改革局先后拟定并出台《广安市前锋区易地扶贫搬迁工程实施意见》《广安市前锋区2016年易地扶贫搬迁工程实施方案》《关于进一步加快易地扶贫搬迁工作的通知》等重要文件，明确了工作目标，细化了工作责任。

其二，超前谋划安置点建设工作。易地扶贫搬迁是一项复杂的系统工程，既要考虑搬迁对象的具体情况，又要考虑建设资金、工程队伍选择、产业发展、配套基础设施和公共服务设施建设等问题，只有超前谋划安置点建设，才能系统推进，按时完成。在政策规定的范围内，前锋区超前谋划并积极统筹好集中安置点选址规划、房屋设计、产业发展、配套基础设施和公共服务设施建设，让搬迁群众最大限度地享受到政策红利。

其三，善于做好群众思想工作。易地扶贫搬迁是政治任务，是建设工作，更是社会工作、群众工作，必须从群众立场出发、为群众利益考虑。前锋区针对易地扶贫搬迁群众绝大部分是各村的贫困人口，其思想较保守、文化程度偏低、见闻较少、融入社会能力较低等实际，把积极做好群众思想工作作为推动易地扶贫搬迁取得良好成效的重要保障。

报送单位：广安市前锋区发展和改革局
执笔人：谢先文、张丽丽

以村规民约为抓手
推进村庄综合治理

作为村民共同制定遵守的行为规范，村规民约在村庄治理中的法律功能和软法作用不容忽视，起着维护乡村文化传承和持续的"土法律"作用，它的效果影响着村庄治理功能的发挥。强化村规民约的软法作用，有助于弥补"硬法"的不足，扩大村级治理的渠道，延伸村民自治的维度。经过反复修改制定而成的《岳庙村村规民约》，在倡导文明、和谐新风尚，创新村务管理，践行依法治区工作中起到了极大的促进作用。

一、背景

岳庙村位于广安市前锋区代市镇西南方向，距代市镇场镇约 5 千米，辖 6 个村民小组，296 户 1 134 人，面积 1.2 平方千米。2009 年 10 月开始，岳庙村经过统一规划，集中建设具有川东民居风格、环境优美的农民新村居住点，按照"1+N"模式，升级改造村级组织服务阵地，拓展教育培训、文化娱乐、商贸购物、卫生医疗、特殊群体关爱等多功能综合服务中心，搭建新农村综合服务平台，50 余户农户先后搬进家园，真正让农村人过上和城里人一样的生活。

在完成新村建设、配套设施、搬迁入户后，新村居民过上了城市人的生活。但与此同时农户仍然保留着一些传统陋习，美丽的新村环境每况愈下。这深深地刺痛着村支部书记王永生的心，"本来想到修了这么好的一个新村，大家生活条件这么好了，会自觉地像城里人一样养成好习惯，看来啊，这些陈规陋习不是一朝一夕就能改过来的"。黯然神伤的王书记看在眼里急在心里，村里的老党员的一句话提醒了他："我们应该让大家共同来制定一个制度，大家同意了就必须遵守，不遵守就批评，违反了就罚款，从制度上来约束大家。"王永生听后大受启发，马上组织村"两委"干部研究如何制定办法，改变群众不良的生活习惯。

二、做法

要让群众都能遵守村规民约，首先必须让大家参与制定，只有充分民主的集中才能得到群众的认可，同时要因地制宜，才能确保制定出来的村规民约符合实际。主要做法有：

1. 广泛征求群众意见

为了尊重全体村民共同的意愿，保障大家参与自治的基本权益，村"两委"采取"三上三下"的原则，制定村规民约。首先由村"两委"班子根据村情实际提出大体框架、基本要求和重点内容，形成初稿，接着将形成的初稿组织村党员、老教师、老干部进行商讨修改形成二稿，接着请村民代表提出修改意见、增加内容、细化条目形成三稿，接着将三稿印发到每一名农户手中，各组收集整理意见，汇总修改形成四稿，然后组织全体村民召开村民大会，逐条审核，征求村民意见，最终通过表决的方式，形成村规民约。最后将村上通过的村规民约报乡镇民政所审批、公示、执行。通过广泛地征求群众意见，岳庙村"两委"充分尊重了广大群众的意愿，让群众在参与制定过程中知规矩、学规矩、懂规矩，同时也在无形中增强了村级的凝聚力。

2. 结合实际制定措施

为了使制定的村规民约更加符合村情实际，有效加强村级治理工作，岳庙村"两委"在制定村规民约时特别注重措施的有形有效。一是针对全村环境治理难的顽疾，在研究制定措施时，村"两委"于细处着眼，将平时管理中不便管理、不好管理的问题写进村规民约，用通俗易懂又切实有效的制度让村民知道什么该做、什么不该做，全村脏乱差的现象有效杜绝。二是在倡导村民基本道德规范、正确价值观上狠下功夫，将中华民族传统美德与社会主义核心价值观的内容写进村规民约，为全村团结邻里、孝敬父母、勤俭节约、关爱弱者建立起铁的标准，让全村形成上行下效、代代传承的好风气。三是注重奖励帮扶，让村民在遵守约定中尝到甜头，不守约定时知道荣辱，切实让他们明白全村制定的村规民约是为大家好、为大家造福。此外，村"两委"通过奖学金等形式激励全村学生拼搏奋进，有志青年报效祖国，贫困群众自力更生。

3. 倡导全村共守

"执行村规民约以来村上没有发生一起盗窃案件，也没有发生一起安全事故。"村支部书记王永生欣喜地说道。正是因为全民参与，所以村规民约运行起来很顺畅，取得的效果也非常明显。"自从村规民约实施以来，我烟盒子、烟头都没乱丢过。"家住岳庙村一组的村民刘绍林说，现在每个村民只要看到有人乱扔垃圾袋或乱吐口痰等，都会立即对其进行劝导。时任代市镇党委书记的谢建平说："岳庙村将村规民约与法律法规、社会主义核心价值观紧密联系在一起，引导村民自觉遵守，实现自我管理，取得了非常好的效果。"如今的岳庙村已变成一个文明、和谐的致富新村。

目前，岳庙村正根据自身实际情况，逐步着手修订完善村规民约，并实施执行，不断探索依法治村、创新村务管理、推行村民自律的新路径。

三、启示

岳庙村的村规民约从制定到执行，充分彰显出村规民约在推进村级综合治理中的优势。村规民约尽管不具备法律效力，但对村民来说却具有一定约束力，在引领社会风气、基层依法治理等工作中发挥着不可替代的重要作用。

其一，引领社会风气，推进移风易俗。村规民约既是一种行为规范，又承载着符合社会主流价值的理念，它既是对村干部的约束，又是对村民的正面引导，符合如节俭、和谐、文明等主流社会价值。村规民约暗含着价值标尺，为村民解决纠纷问题提供可作参考的价值判断和有益思路。

其二，促进村务公开，改善干群关系。制定村规民约，一方面，有利于加强对村干部依法行政、依法办事的监督；另一方面，有利于增强村务的透明度，提高村民当家做主的意识，同时畅通了村民与村干部之间沟通的渠道，方便村民与村干部之间的交流，使村民对村务更加了解，有效消除了村民对村干部的误解，从而使群干关系更加融洽。

其三，营造法治氛围，推进依法治区。村规民约是介于国家成文法规与民间风俗习惯之间的一种准法规范，是两者的有机结合，是依法治区的延伸和补充。制定村规民约已经成为完善村民自治的重要方面，是村民自治的必然要求，是依法治村的生动实践。村规民约的教育引导与检查督促作用，有利于在村民中形成"我制定，我执行"的良好氛围，助力依法治村，切实解决农村社会管理问题。

报送单位：广安市前锋区代市镇人民政府
执笔人：梅川、张丽丽

撬动小微学校
推动义务教育均衡发展

随着城镇化的步伐加快，乡村师生到城镇工作或就读的现象越来越普遍，而"高中向县城、初中向大镇、小学向乡镇、村小向中心校"的被动集中办学模式更是随处可见。而由于各种原因，当前也还存在一些选择继续在农村就读的学生，他们也需要接受良好的教育。因此，提升小微学校的教育质量便被提上日程。近年来，邻水县不断加大资金投入，持续强化学校管理，推动了全县学校办学条件的改善和办学水平的提高，逐步解决了村小学校硬件设备欠缺、师资力量薄弱、课程落实困难、教育管理滞后等问题，村小教育在均衡发展的阳光下焕发出新的活力。

一、背景

邻水县隶属四川省广安市，地处川渝经济圈结合部，境内山川秀丽，呈"三山两槽"地貌，县域面积1 919平方千米，人口103万。全县有公办中小学、幼儿园113所，民办中小学、民办幼儿园、民办教育机构249个，社区教育学院1所，社区学校47个；有教职员工7 049人，在校中小学生、在园幼儿14.3万人，是川东北地区教育体量较大的县份之一。目前，全县共有92个村小学（含教学点）353个教学班，291名教师，6 425名学生，其中50人以下的村小学约占60%，小微学校呈"点多、人少、路远"的特点，县域教育均衡发展困难重重。

借创建"全国义务教育发展基本均衡县"东风，全县积极统筹城乡教育改革，推进小微学校建设，提高村小教育质量和办学效益，激活农村教育大棋局，提升区域义务教育均衡度，取得了显著成效，有效推动了县域义务教育的均衡、快速发展。

二、做法

1. 改善村小办学条件

改善村小办学条件所需资金，主要通过争取中央和省级专项资金、中央和省级补助资金、地方财政划拨资金、社会捐助资金和各学校自筹等方式筹集。在项目和设施设备分配方面，全县加大对农村学校尤其是边远村小的倾斜力度，积极改善村小办学条件，有效促进城乡学校的均衡发展。

龙桥乡金堂村小位于邻水县境南部，距离中心校约 5 千米，学校占地 2 666 平方米，有 2 栋教学楼、1 个食堂、1 个标准篮球场、6 张乒乓球台，实验仪器齐全，能满足正常教育教学所需。自 2010 年以来，龙桥乡中心小学加快了改善金堂村小办学条件的步伐，先后投入资金近 50 万元，硬化了操场，新建了厨房，修缮了围墙和校门，维修加固了教学楼，并完成电路改造、天然气安装、设施设备添置及教学仪器桌椅的置办等。2016 年，学校又争取到补助项目，为金堂村小搭建了一个 100 平方米的钢架棚，更换了铝合金窗，包上了镀锌铁皮门。"村小虽偏、虽小，但是学校每年都在发生变化，环境越来越好，家长们对学校条件都比较满意，学生人数也一直保持在 100 多人。"龙桥乡金堂村村小教师信心满满。

2. 同步管理小微学校

城北镇平桥村小重点围绕教育质量抓示范带动，切实做好管理文章，有效地规避被城区学校"蚕食"的风险。城北镇中心小学将所有村小的教育、教学、教研业务纳入中心校同步管理，通过中心校的带动引领，促进村小教育质量的提升。学校大力实施"村小四步管理法"，主要采取"1+N"带动策略，全面推行"七个统一"制度（即中心校与村小统一课程安排、质量监测、教学要求、月查考评、教师培训、小课题研究和学生文明礼仪），并严格做到月查月报，全面把控村小教育、教学、教研工作动向。

自 2014 年以来，邻水县积极推进村小管理改革，探索村小管理策略，先后出台了《邻水县村小（教学点）管理办法》《邻水县村小（教学点）建设与管理的基本要求》等文件，规范村小管理，激发管理活力，大面积、大幅度地提高了教育教学质量，促进了中心校与村小的同步均衡发展。

3. 盘活教育教学资源

为解决团坝村小师资学科性短缺、课程开设不平衡等问题，袁市镇中心小学突破校际界限，积极推行"复合走教"制度：学校每天派一名班子成员到村小"坐班"，指导落实"传、帮、带"工作；中心校选派音体美等紧缺学科教师"送教下村",解决薄弱学科师资紧缺的问题;中心校和村小教师实行"校内交流轮岗"制度,促进学校教师"体内循环";学生之间推行同年级或跨年级"结对帮扶"制度,互相表演文艺节目,共度节庆假日,让孩子玩得开心,学得快乐,让村小孩子得到全面发展。

针对教师结构性缺编、城乡师资差异大、发展不够均衡等实际问题,强化"统筹指导、单双结合、拜师走教"举措,依托"渝邻合作""校地合作",通过远程培训、送培到校、送课下村等"国培"活动,选派村小教师参加异地交流轮岗和信息技术学习培训,不断提高村小教师信息技术应用能力。同时,在村小逐步推行电子备课、电子学案和多媒体教学,每位教师每学期至少上传1堂优秀教案、1堂精品课视频至县级资源管理平台,实现城乡教师教学资源互通共享,激发广大教师的工作热情,促进教师专业成长和全县师资均衡发展。

三、启示

要引导农村小微学校突围,促进小微学校重获新生,只有牵住制约小微学校发展的"牛鼻子"——解决小微学校教师问题,切实落实"三个倾斜",让小微学校教师"下得去""留得住""教得好",才能有效推动教育均衡,促进教育公平。

其一,编制倾斜,让乡村教师"下得去"。一方面,适量吸纳部分优秀顶岗代课教师通过考转进入编制。这部分教师的家离校较近,具有扎根乡村的持久力,他们长期从教的积极性和科学从教的创造性容易被撬动。另一方面,新教师入职前三年编制最好放在片区内小微学校,由中心校和片区联动管理。"服务期满"后,进行严格考核,将优秀者推荐到片区其他学校任教。

其二,待遇倾斜,让乡村教师"留得住"。乡村教师向城市流动,其主因是待遇。一是职称待遇,现行的评职办法是根据教师职数来配置职称指标,不仅不能调动农村学校、小微学校教师积极性,而且挫伤了这些学校中青年教师的积极性,他们只能望"职"心酸,在评职路上没了盼头,丢了奔头,失了想头,而这部分教师恰恰又是小微学校的中坚力量,是推进教学改革的生力军。二是交通待遇,不少小微学校教师节假日需返城回镇,上下班路程远,耗时长,成本高,"行路难"困扰着乡村教师。要解决这些问题,可扩展城市公交覆盖范围,方便城市近郊乡村教师出行,适当发放偏远学校教师交通补贴,减少路费或油费开支。三是工资待遇,农村教学点一般是包班上课,甚至复式班上课,教学负担重,但实际收入不如城镇教师,即便绩效工资有几百元

"地差"补助，也难以吸引教师留守乡村学校或小微学校。2017年"两会"就有代表提出"乡村教师收入倍增计划"，有效缩小城乡教师收入差距，增强小微学校教师的吸引力。四是生活待遇，努力实现小微学校教师"吃得营养，住得宽敞，玩得清爽"，改善寄宿条件，优化寄宿环境，丰富寄宿生活，提升寄宿质量，保障寄宿安全。小微学校校长有责任改善教师的饮食条件、住宿条件，丰富教师的业余生活。生活一旦便利、惬意，走读教师会自愿留守小微学校。

其三，培训倾斜，让乡村教师"教得好"。小微学校规模小，教师少，教师外出培训机会相对较少，而开展小微学校教师专项培训，能有效解决梗阻小微学校发展的瓶颈问题，鼓励教师带着急需解决的问题参加体验式、参与式培训。启动村小教师"圆梦计划"，组织优秀村小教师到异地考察、访问，帮助他们拓展教育视野，激发教育激情，更新教学理念，提升教学水平。创新培训载体，采取"请进来"和"送出去"双线培训方式推进校本教研。针对小微学校教师紧缺的问题，教师培训或学习可实行移动化、信息化、指尖化，以免影响正常教学进度。针对小微学校培训经费捉襟见肘的问题，适量提高小微学校培训经费数额，以便增加培训人次和提升培训级别，从而拓展教师视野，提升教学水平。

报送单位：邻水县教育科技体育局
执笔人：谭明、阳利、张丽丽

生态文明建设类

誓让"两河"展新颜

据统计，几十年来，邻水县"两河"流域建起采砂点 69 处、河道 1 千米范围内（禁养区）养殖场 251 个、流域内煤矿非煤矿山 96 处，清理整治非法运营、休眠船舶 180 余艘，沿线乡镇污水直排严重，垃圾乱堆乱倒，大洪河库区水上直排农家乐就达 11 家。在经济利益驱动下，流域内污水横流、垃圾遍布，船舶无序经营，非法垂钓、捕捞盛行，非法采砂屡禁不止，野蛮开采矿产现象普遍，生态环境破坏严重，出境断面水质不达标的情况多次被重庆市上报环保部，流域内群众正常生产生活受到严重制约和影响。

一、背景

党的十八届五中全会把"绿色发展"作为五大发展理念之一，注重解决人与自然和谐问题。中共四川省委十届七次全会和中共广安市委四届十次全会都提出要大力实施长江上游生态屏障建设，打造长江经济带生态廊道。为贯彻落实中央、省委、市委重大决策部署，推进建设山清水秀、宜居宜业宜游幸福美丽邻水，加快建成长江上游生态屏障示范县，全面开展百万邻水人民的"母亲河"大洪河、御临河生态修复与保护，成为摆在邻水县委县政府面前的艰巨任务。

二、做法

自 2016 年 5 月召开"两河"流域生态修复保护动员会以来，邻水县在全市率先启动流域治理，并把此作为全县经济社会发展的头等大事，作为还绿水青山于民、增进广大群众福祉和打基础、利长远的要事好事来抓。邻水县政府在全县响亮提出"邻水治水，补齐生态短板"的口号，坚持保护优先、治理为主，以控源、治污、植绿为重点，系统谋划，统筹推进，加快建设长江上游重要生态屏障样板区。

1. 坚持规划引领，全面建立"1+N"规划系统

本着"生态建设，规划先行"的原则，按照"1+N"规划系统，在高起点、高标准、大手笔搞好全县流域治理总体规划的基础上，邻水县还及时全面启动了小流域治理规划、大洪河良好湖库治理规划、大洪河库区村庄连片整治规划、大洪河库区岛上移民易地搬迁规划、御临河小流域治理规划、御临河治理规划、护城河治理专项规划、坛同和合流重点场镇治污规划等8大专项规划。在县委县政府主要领导的直接参与下，邻水"两河"流域生态修复保护涉及9个规划，已争取到中央和省级项目资金10余亿元，绝大多数规划都在实施之中，不久的将来，一个个美好蓝图将在邻水大地上变为现实。

2. 加强组织领导，全员参与生态攻坚

邻水县在启动治理之初，就成立县人大、县政协牵头的督导组，做好调查研究，积极建言献策，加强督导检查；成立县纪委、县委组织部、县委县政府督查办等部门组成的专项督查组，实行一天一督查、每周一通报、一周一点评、一月一小结，确保各项工作有效开展；把"两河"流域生态修复与保护纳入绩效考核，进行专项检查；同时，严格按照《党政领导干部生态环境损害责任追究办法（试行）》，对破坏生态环境、阻挠工作开展，或是工作开展不力、阳奉阴违的企业或人员，依法固定证据、逗硬问责、严肃处理，切实把"两河"流域治理纳入规范化、制度化、法治化轨道，确保"两河"流域治理工作有序、高效地推进。

3. 实施专项行动，常态长效推进治理

邻水县结合"两河"流域现状，坚持重点出击，以大洪河库区为核心区域，坚持"四个并举"（控增减存并举、治标治源并举、建管并举、疏堵并举），把牢"三大关口"（审批关、治理关、执法关），抓好"七项治理"（垂钓捕捞治理、船舶治理、采砂治理、河道污染治理、餐饮娱乐治理、矿山治理、农村面源污染治理）。在垂钓捕捞治理方面，全面加强了水政、渔政执法，科学规划了垂钓点，规范了垂钓行为，加大了对毒鱼、电鱼、偷鱼等行为的打击力度。在船舶治理方面，对库区"三无"船舶、非法营运船只、存在安全隐患船舶和无驾驶资质船舶进行了全面清理，共清理出"休眠船"148艘，拆解39艘。在河道采砂治理方面，全面收回了采砂权，科学规划了采砂点，并由城投公司统一经营管理。在河道污染治理方面，沿线乡镇全面开展了河道漂浮物清理打捞工作，并设置了拦河网。同时，邻水县全面加强了环保执法，对大洪河沿线排污单位进行了全天24小时监测，严管重罚偷排、乱排行

为，建成水质自动监测站 1 座。

4. 强化污染防治，实现减排治污达标

在土壤污染防治攻坚战中，邻水县一边对生活垃圾进行集中处理，一边摸清"家底"，对县城生活垃圾处理站、各乡镇非正规垃圾堆等 53 处场地进行初步调查，并利用空间位置遥感技术逐一核实，分别建立了土壤风险源台账。同时，邻水县根据土壤风险源类别，选取了部分场地，委托有资质的第三方机构对场地周边土壤进行采样检测，初步了解土壤污染现状，确定全县土壤环境分类管控区域。此外，邻水县还同步实施农用地分类管控行动、建设用地准入管理行动、土壤污染治理与修复行动、土壤污染源头管控行动，全面治理土壤污染。

5. 加大生态保护，优化美化流域环境

开展绿化邻水行动，提升县域绿化美化水平，改善森林生态环境质量。2017 年 1 月，邻水县政府研究印发了《邻水县 2017 年绿化邻水实施方案》（邻绿委〔2017〕1 号）、《关于分解下达 2017 年绿化邻水工作任务的通知》（邻绿委〔2017〕2 号），明确了全年工作目标，分解了工作任务，落实了工作责任。2 月，邻水县召开了全县绿化邻水工作会，全面安排部署全年绿化邻水工作，会上县政府和相关责任部门和乡镇签订了责任书，全面启动了春季植树活动。邻水县按照省市大规模绿化要求，以"建设长江上游生态屏障示范区"为目标，大力实施乡村增绿、山体生态修复、生态保护、河湖库防护、交通廊道添彩、城市森林提升等绿化邻水"六大行动"，着力增强自然生态系统服务功能。2016 年，全县营造林 39.27 平方千米；2017 年，春季植树绿化超过 10 平方千米，森林覆盖率达 41.9%。

三、启示

其一，党政要高度重视，各项工作才能快速有效开展。"两河"流域生态修复保护中，县委县政府主要领导在最初就担当作为，出任领导小组组长，并及时召开工作推进会，安排部署各项重点工作，并分配到各分管领导、部门和乡镇相关负责人；此外，还以县委县政府主要领导现场督导、现场会议调研等方式助推工作落实落地，确保了工作的快速、有效开展。

其二，长短治理有效结合，才能确保治理出成效、达长效。为确保短期整治出成效，邻水县紧紧抓住大洪河库区治理不松手，以"七项治理"抓紧抓实采砂整治、船舶规范、洁净水工作等，实现了短期治理立竿见影的成效。在长期整治上，邻水县积极推进农村面源污染治理，强力实施"绿化邻水"行动，加强流域内各场镇和沿岸重点村污水处理设施建设，加强了流域各乡镇垃圾中转站、沿岸各村垃圾池的建设，并大力推进河长制，加强河道污染物收集治理，实现长远长效目标。

报送单位：中国人民政治协商会四川省邻水县委员会
执笔人：张洋、周胜强

悉心呵护生命之源
——协兴园区治理一级饮用水源保护区纪实

"我们在这里住得好恼火哦。"这是 2016 年 4 月协兴镇西来寺村民们的心声。一条黑黢黢、臭烘烘的小溪,让生活在这里的群众颇为无奈。短短 6 个月后,污水变涓涓清流,让生活在这里的群众颇为感慨。当地的老百姓笑着说:"现在的溪水清了,也不臭了。"

从差评到"点赞",老百姓评价的转变,始于广安市人大常委会的依法监督,源于协兴园区广大干部闻过即改的为民情怀。

一、背景

2016 年 4 月 22 日,广安市第四届人大常委会第三十四次会议,要求协兴园区高度重视花园水厂一级保护区水源污染,以"零容忍"的态度,铁腕治污,限期整治,确保人民群众喝上安全放心水。5 月 20 日,广安市第四届人大常委会第三十五次会议审议测评了市人民政府《关于研究处理渠江广安段流域水污染治理与饮用水源保护问题调查报告情况的报告》,渠江广安段流域水污染治理与饮用水源保护纳入了政府工作的重要日程。

二、做法

水是生命之源、生产之要。为把水源环境治理工作落到实处,协兴园区迅速成立渠江协兴段流域水污染治理和饮用水源保护工作领导小组,以组织、经费、宣传为保障,构建起上下一心、分块负责、齐抓共管的责任体系,打响水源污染治理攻坚战。

1. 重拳出击、强力治污始终不放弃

以"党政主导、部门协同、上下联动、运转高效"的工作格局,积极推进水源环境综合整治。坚持节假日不休、全天候轮班作业,抢晴天、战雨天、加班加点。

10天完成花园水厂取水口沿途1千米清淤作业，清理农作物面源污染超过4公顷；15天完成翰林小镇、希贤学校、小平故居清水塘、邓小平城乡发展学院等7处、3 000余米排污管网的断流、截污、修复和清淤；依法拆除八一村炼油厂、福泰养牛场2家生产企业，搬迁安安养猪场、杨氏养猪场等养殖场5家；整治邓家盐皮蛋、圣雅山庄等27家排污企业。

清理清运东环线边沟6.7千米、路肩6 700平方米，打捞清理水面枯枝及白色漂浮物100余吨，绿化西溪河流域超过73公顷，完成腰鼓溪堤防工程、王家河闸坝改造，积极推进协兴全域雨污分流系统PPP①项目。

2. 督导问责，逗硬奖惩持续不手软

把督查问效、纪律问责作为推进整治工作的重要举措，在务实落实上聚焦发力。对发现的水环境污染隐患问题，实行每天动态跟踪督办整改，坚持每天短信、简报督办，每周总结、分析通报，严格督促整改、销号全过程，对隐患问题盯住不放、一抓到底，直至根治。将水源保护整治工作纳入乡镇、部门年度绩效考核和干部考核评价。

3. 绿色发展、生态保护永远在路上

以宣传造声势，以教育促行动。积极开展环境整治进机关、进学校、进乡村、进市场、进景区、进工地等"六进"活动，层层组织召开会议，从镇开到了村，村开到了户，机关开到了个人。出动宣传车辆30余次，发放明白纸5 000余份，推送微博短信2 000余条，印发整治工作简报23期，利用农村党员远程教育站点、政务村务公开栏，通过悬挂横幅、张贴标语等形式大张旗鼓地宣传发动，激发广大干群积极参与水源保护整治的热情，掀起了全域、全员治污护水整治攻坚战的高潮。

协兴园区党工委副书记周绪华表示，虽然园区在水污染环境治理，特别是花园水厂取水口水环境污染治理工作上取得了一些成绩，但离市委、市人大、市政府、市政协的要求，离人民群众的期待还有差距，在下一步工作中，园区上下将坚持"绿水青山就是金山银山"的工作理念，按照市委市政府"逢山开路、遇水架桥、披荆斩棘、勇往直前"的工作要求，进一步加大工作保障和协调力度，确保水环境污染治理、饮用水源保护工作更上新台阶。

---

① PPP是Public-Private Parternership的缩写，即政府与社会资本合作，是公共基础设施中的一种项目运作模式。

三、启示

绿水逶迤，碧波荡漾，水鸟悠闲地或飞或停。站在西来寺大桥上放眼东眺，眼前是一幅水清景美的乡村画卷……花园水厂水源保护不仅复原了碧水蓝天，也给饮用水源整治提供了有益借鉴。

其一，从突击转向常态。深刻吸取教训，举一反三，创新举措，常态化推进水环境保护。建立、完善纵向联动、区域联防、政企合防、多方共防四大机制，持续发挥制度治理作用，凝聚整治合力；着力提高公众环境保护意识和参与水源保护意识，教育群众养成好习惯；完善园区、乡镇、村（社）三级巡查联防机制，设立有奖举报热线，受理群众举报，对污染隐患做到及时发现、快速整治；多渠道申报西溪河流域综合治理和中央省级重点镇、试点镇及污水管网建设项目；创新实施PPP项目，吸纳社会资本参与园区污水处理；统筹推进污水处理站、垃圾处理站等市政设施运行维护，大力推进流域治理、农村面源污染治理。坚决走出"治理—反弹—再治理—再反弹"的怪圈，真正实现常态长效治理，全力保障饮用水源安全。

其二，从治理转向监管。祸患常积于忽微，何以小利而短视？园区已意识到需要通过严管、严抓、严打、及时、准时、少时之策来解水源生态文明的燃眉之急。强化日常巡查监督，抓早抓小，防微杜渐。深入推进依法行政，创新执法方式，加大执法力度，真正做到有法必依、执法必严、违法必究，切实维护公共利益、人民权益和生态环境保护管理秩序，进一步加强水生态文明建设。

其三，从政府转向社会。改善生态环境质量，政府责无旁贷，但单纯依靠政府的力量是不够的。饮用水源保护关系各行各业、千家万户，需要营造人人关心、个个支持、全民参与的良好氛围，充分发挥群众的积极性、主动性、创造性，大力培育群众的水保护意识，让保护水源、爱护环境成为全园区群众的自觉意识和自觉行动。任何目标的实现，任何规则的遵守，既需要外在的约束，也需要内在的自觉。因此，水源保护必须建立在广大群众普遍认同和自觉作为的基础上，面向社会，提升水源保护意识，齐心协力走可持续发展之路。

大利利他，小利利己，水利万物而吾利水。生态文明支撑经济社会和谐发展，而保障生态系统良性循环的人水和谐文化伦理形态，是生态文明的重要部分和基础内容。作为生命之源的水，更需要全社会的呵护。

报送单位：广安协兴生态文化旅游园区管理委员会
执笔人：吴佳奇、周胜强

PPP 模式推进城镇污水治理

广安是中国改革开放和现代化建设总设计师邓小平同志的家乡。广安市委市政府一直在思考，我们怎样为小平家乡增光添彩呢？答案是走绿色生态发展之路，让广安的天更蓝、地更绿、水更清、空气更清新，让广安这座城市更具魅力，让广安人民全面实现小康。

一、背景

广安位于四川东部，华蓥山中段，紧邻重庆直辖市，素有川东门户之称。广安于1993年7月设立地区，1998年7月撤地设市，辖广安区、前锋区、岳池县、武胜县、邻水县，代管华蓥市。广安市总面积6 344平方千米，总人口470万，境内有渠江、嘉陵江穿境而过，是国家"十二五重点流域水污染防治规划"关注的7大重点流域之一，也是长江上游重要生态敏感区和生态屏障，更是重庆直辖市的重要饮用水源保护地。近年来，随着广安经济的高速发展以及工业化、城镇化的快速推进，辖区内水环境问题倍受关注。

习近平总书记指出，"人民群众对美好生活的向往就是我们努力的方向"。人民群众向往什么呢？其中一条就是天蓝、地绿、水清的美好生活环境。广安市委市政府认真贯彻落实习近平总书记"绿水青山就是金山银山"的重要理念，秉承"长治久安，从水抓起"的科学发展理念，早在2008年就已开始治理水环境，抢抓国家生态文明建设战略机遇，以保障和改善民生为出发点，团结带领全市人民全域实施城镇生活污水治理。特别是2014年以来，广安市委市政府在学习借鉴浙江省"五水共治"经验的基础上，结合广安水环境实际情况，全域开展"洁净水"行动，着力打造"水清岸绿、城水相融、人水相亲"的新广安。

二、做法

鉴于城乡污水治理项目范围广、资金投入规模大、公共事业属性强等特点，结合中央和四川省关于公共事业建设投资最新精神，市委市政府创新政府与社会资本合作，采用PPP模式，通过公开招投标，引进社会投资人中国水环境集团全域实施"洁净水"行动PPP项目，逐步探索出一条"政府主导、社会参与、全域覆盖"的城乡生活污水治理新路子。

1. 实现合作共赢

由政府提供规划、政策，支持社会资本运作，每年按比例支付投资回报等费用购买服务，回报资金来源主要是向排污居民、企业收取污水处理费，不足部分由财政安排专项资金解决。实现从过去重投资、重建设向重过程监管、重购买服务的转变；中国水环境集团则充分发挥其在资金、技术、运营管理等方面的优势，系统性实施科学治理方案，补齐技术短板，保证运营质量，项目运营期满后无偿移交政府，实现合作共赢。该项目开创了国内唯一区域性、跨流域的水环境综合治理项目先河，被纳入四川省PPP示范项目、财政部第二批政府和社会资本合作示范项目。

2. 全域统筹治理

通过调查摸底和梳理，将全市辖区1市2区3县112个城镇的污水处理及资源化利用、农村污水处理、江河湖库水体治理等项目交由中国水环境集团统一打捆包装，整体规划、全域统筹、分期实施、一体化经营，有效解决乡镇项目建设难、运营难问题，计划总投资29.51亿元。目前，中国水环境集团已在我市新建城镇污水处理厂（站）53座，完成乡镇污水处理站改造和管网配套18座，完成小平故居洗砚池治理、王家河闸坝及西溪河截污干管工程，正在建设（改造）乡镇污水处理站41座，完成投资15亿元以上。

3. 实现建管分离

对所有项目实行绩效考核，政府拿到服务后再买单，根据服务质量按照协议约定支付投资回报等费用，实现对社会资本全面监管。中国水环境集团必须综合考虑项目设计、建造、运营和维护，发挥同行业领先的水环境治理专业技术力量，对项目系统优化设计、合理规划规模、科学选择地址、优化管网布局等，自发提高服务质量。实行这种模式后，项目不再是简单建设、运营、改造，而是高水平、高起点落实，建成后能够长效稳定运营，彻底解决了项目长效使用问题，克服了过去水环境治理技术低下的弊端，实现了政府目标、社会目标与社会资本的运营效率、技术优势、管理经验的有机结合。

三、启示

广安坚持把绿色生态融入经济社会建设发展的全过程,坚定不移实施水环境综合治理"洁净水"行动,致力建设绿水青山、蓝天净土的美丽环境,为践行绿色发展理念创新了经验,也为各地提供了可复制、可推广的城乡污水治理模式。

其一,更新思想观念,凝聚治水合力。思路决定出路,观念就是财富。针对农村传统习惯的束缚和干部落后观念的阻碍,广安市委市政府专程前往浙江杭州、湖州学习运用现代生物技术进行全域治水的经验,到贵州贵阳考察南明河运用PPP模式解决治水资金问题的经验,在此基础上把水环境治理上升为全市的重大战略。市委市政府主要领导挂帅,统筹市县乡村四级力量来强力推进水环境治理,并专门成立了"洁净水"行动指挥部,将"洁净水"行动纳入年度绩效考核重点督办事项和民生工程目标,在广安区、前锋区、华蓥市3个摘帽县的脱贫考核中增加"洁净水"行动完成情况,举全市之力改善城乡水环境,形成了上下一心、齐抓共管的整体合力。

其二,因地制宜探索治理模式。传统的地上式污水处理设施,300米范围内臭味较重。广安积极探索治理新模式,推广无动力、微动力等污水处理设施,形成地下是污水处理设施、地上是生态湿地花园的格局。

广安主城区和各个县城、工业园区建设地埋式污水处理厂,地上建设生态花园,选用有动力的循环活性污泥法(CASS)、序批式间歇活性污泥法(SBR)、氧化沟和A/O等二级生物处理方式,并在污水处理厂排放口建设水量自动计量装置和化学需氧量、氨氮在线监测装置,出厂水质达到一级A标准。

对于大中型场镇,综合考虑运行维护成本和处理效果,选用微动力的生物接触氧化、膜生物反应器、生物转盘、氧化沟等生物处理模式,在排放口建设水量自动计量装置,出水水质达到一级B标准。

对于小型乡镇,综合考虑农村人口密度、自然环境和经济条件等因素,在新农村聚集点或相对集中的农民新村,利用选用无动力的人工湿地、土壤渗滤、氧化塘、沼气池等自然处理方式,使污水处理池成为湿地花园,并利用水生植物吸收水中的氨氮,确保出水水质达到二级标准。

其三,坚持改革创新,运用市场法则,破解资金难题。顺利推进治水工作,资金是关键。广安采取PPP模式全区域、跨流域治水,选择有实力、有能力、有社会责任感的社会投资人参与建设,政府和社会资本分工合作,将整个区域水环境打包进行综合治理,有效地破解了"洁净水"行动资金难题,是原来条块分割、多头治水、投资效率低下的传统治理模式的创新和突破。政府转变职能,从过去重投资、重建设转变为重顶层设计、重过程监管、重购买服务,社会资本发挥专业优势,实现了政府力量和社会力量的有机结合。

其四,全域治理,全面防控。广安"洁净水"八大行动是全域实施的,着力治标、注重治本,既突出了重点,又兼顾了全面,堪称治水模式的成功典范。比如,在控制工业和城乡生活垃圾污水排放的同时,大力开展畜禽和水产养殖污染防治,全面规范养殖行为,彻底取缔境内江河湖库网箱网栏施肥养鱼,江河湖库水生态全面改善。同步开展生态修复,对境内主要河流和塘堰河底清淤疏浚,划定和整治集中式饮用水源保护区和备用水保护区。加强城乡综合环境治理,创新实施"厕所革命",全市空气污染指数(API)小于100的天数超过70%,空气$PM_{2.5}$指数处于优良状态,全市整体环境质量显著提升,实现了标本兼治。又如,在生态环境更加脆弱的贫困地区,将"洁净水"行动与生态扶贫有机结合,在新村规划建设过程中,配套建设污水处理设施,在推进生态扶贫的同时推进贫困村环境污染治理,贫困村生产生活环境不断改善,贫困群众文明卫生的好习惯进一步养成。

报送单位:广安市市政环卫处办公室
执笔人:刘小平、周胜强

华蓥市坚持绿色引领推动现代农业发展

近年来，华蓥市坚持绿色引领现代农业发展理念，将绿色发展贯穿农业发展全过程，走出了一条产出高效、产品安全、资源节约、环境良好的现代绿色农业发展之路。截至目前，华蓥市已连片发展优质葡萄26平方千米、优质梨31.33平方千米、花卉苗木6.67平方千米，建成"千万工程"优质粮经复合产业基地23.33平方千米，现代农业绿色发展得到全面推进。

一、背景

华蓥市位于华蓥山中段西麓，面积470平方千米，地势高低起伏较大，从东向西逐渐趋于平缓，形成了独特的山地气候，适宜栽种多种农作物。全市辖9镇1乡3个街道，总人口36万人。针对农业人口多、底子薄、农业产业结构单一等现状，市委市政府审时度势，依托供给侧结构性改革，成功探索出了一条改变产业农业结构，促进农业增效、农民增收，推动绿色发展的现代农业发展新路，形成了以高兴、阳和、古桥为主的南部葡萄产业园区和以天池、禄市、华龙为主的北部蜜梨、花卉产业园区。

二、做法

1. 坚持打好"标准牌"，走绿色引领之路

按照"有标贯标、无标制标、缺标补标"的原则，制定梨、葡萄、畜禽、水产等特色农产品生产技术、质量安全、检测检验、加工和流通标准21个，建立国家地理标志产品标准体系2项，成功创建国家级农业标准化示范区2个、省级农业标准化示范区4个。充分发挥龙头企业、专合组织示范带动作用，加大农业标准化示范、推广、宣传和培训力度，强化与省农科院、上海交

大等科研院所合作交流,引进商业棚架栽培、避雨滴灌、SOD(超氧化物歧化酶)生物技术、测土配方施肥等新技术、新模式,提高农产品产量和品质。推进无公害农产品、绿色食品和有机食品生产基地标准化建设,实施"三品"认证,提升农产品质量和市场占有率,实现无公害农产品全域整体认证,建成无公害农产品基地 65.33 平方千米、有机农产品基地 2 平方千米,累计实施"三品"认证 26 个,"欧阳晓玲"梨荣获中国驰名商标,"广安蜜梨"被认定为国家地理标志保护产品。

华蓥市现代农业园区葡萄标准化生产基地

2. 坚持打好"生态"牌,走绿色发展之路

按照"沼气配套、种养结合、生态循环"的要求,紧扣肉兔、生猪、肉鸡等特色主导产业,积极推行"畜+沼+果(菜)""林+草+牧"等生态立体养殖模式,大力发展农业循环经济。截至目前,华蓥市建成种养循环、林养循环产业示范片 6.67 平方千米;依托省财政现代农业生产发展、农业综合开发等项目,重点加强以平整土地、增厚土层、调整地型、培肥地力为重点的耕地质量建设,大力建设高标准农田,建成高标准农田 23.33 平方千米;充分利用农闲地、空地鼓励农户种植胡豆青、紫云英、细绿萍等绿肥品种,年种植绿肥超过 20 平方千米;鼓励农户注重用地与养地相结合,年施用有机肥 15 万吨,亩均施用有机肥 1 吨以上;鼓励农民增施有机肥,每年夏秋两熟秸秆还田 15.33 平方千米,秸秆综合利用率达 94.7%。

3. 坚持打好"市场牌",走绿色营销之路

将绿色农产品纳入公益性宣传范围,在市电视台、市政府公众信息网、村

（社区）政务公开栏开设农产品品牌知识宣传专栏，在沪蓉高速公路、广安城区等地新建大型户外广告宣传牌 6 块，全力提升华蓥农产品品牌知名度。深化与成渝区域合作力度，创新农超对接、农企对接方式，与重庆新世纪百货、成都伊藤洋华堂等大型卖场签订绿色农产品销售协议，积极构建"农超对接"平台，发展"订单农业"，华蓥山葡萄、广安蜜梨等特色农产品畅销省内外，年均直销率达 85％。组织专业合作社（企业）参加西博会、渝洽会、农博会等大中型农产品交易会，着力将广安蜜梨创建为全省知名地域大品牌，"广安蜜梨""华蓥山葡萄"等邓小平故里华蓥山优质农产品品牌美誉度和品牌效应不断提升。

果农在中国梨园幸福采摘广安蜜梨

4. 坚持打好"监管牌"，走绿色保障之路

科学划定葡萄、梨、水稻等农产品适宜生产区、禁止生产区，从产地环节切断有毒、有害物质对农产品质量的危害；强化产地环境监测，加大市域土样采集检测力度，着力为安全优质的农产品生产提供良好的生态环境。扎实开展水稻、玉米等重点农作物病虫害绿色防控，推广太阳能杀虫灯、粘虫黄板、果品套袋、水稻杂糯间栽等绿色防治措施，有效减少农药使用量，减轻农田污染，绿色防控面积年均达 18 平方千米。推广测土配方施肥技术，提高肥料利用率，减少过量施肥造成的土壤污染；推广使用生物防控技术和高效、低毒、低残留农药，实行专业化统防统治和科学用药，并对农药包装袋（瓶）实行定点回收。截至目前，年均实施测土配方施肥 10 万亩次，减少化肥施用量 150 吨（折纯），主要农作物化肥、农药施用量实现负增长。

三、启示

其一，必须注重统筹规划。农业绿色发展是个系统工程，必须立足当地实际，搞好总体规划设计，坚持以培育特色产业为抓手，依托产业大力叠加旅游、休闲养生等功能，推进生产、消费、生态等融合，推动产业基地建设，实现大农业产业集群集聚发展。

其二，必须注重科技支撑。现代绿色农业在本质上是以科技为支撑，以现代投入品为基础的集约农业。搞好现代绿色农业关键在于科学施肥、合理用药，大力推进标准化生产，扩大测土配方施肥的应用，实现主要作物测土配方施肥全覆盖，建立反应快速、服务高效的病虫害专业防治服务体系，推进专业化统防统治与绿色防控融合，有效提升病虫害防治组织化程度，推广畜禽污染综合利用技术模式，推动农业绿色化与农业现代化有机统一。

其三，必须注重机制创新。要充分调动生产者发展绿色农业的积极性，必须建立健全促进农业绿色发展的体制机制。建立生产者激励机制，深化农地产权制度改革，鼓励生产者进行耕地地力建设等长期投资；建立第三方治理机制，实行农作物病虫专业化统防统治；建立健全农产品质量安全标准和检验检测体系，倒逼农业生产者采用标准化生产方式，充分发挥新型经营主体的示范带动作用。

报送单位：华蓥市人民政府办公室
执笔人：修忠云、周胜强

多管齐下、标本兼治，推动建设天蓝地绿水清的美丽广安

自党的十八大做出"推进生态文明，建设美丽中国"的战略部署，把生态文明建设纳入"五位一体"总体战略布局，自国务院"气十条"的出台到中央环保督察的全面铺开，无疑显示出环境保护越来越重要，"让人民群众呼吸清新空气、喝上洁净水、吃上放心食品、享受优美环境"成为各级政府义不容辞的责任。

一、背景

近年来，广安抓住国家推进生态文明建设的契机，高度重视大气污染防治并取得了一定成效，但广安经济处于加速发展期，各类污染排放源持续增长，总体排污量较大，烟粉尘污染增加，在建工程项目点多量大线长，扬尘污染时有反弹，露天焚烧屡禁不止，直接影响广安的可持续发展和群众的幸福感。从2014年年底开始，广安市在全域打响"蓝天"战役，多管齐下、标本兼治、铁腕治理，深入推进大气污染防治工作，全面改善空气环境质量，推动建设天蓝地绿水清的美丽广安。

二、做法

1. 创新工作推进机制

一是从部门"单打独斗"到统一领导、联合联动。2015年调整广安市大气污染防治工作领导小组，由市长任组长，市委市政府分管领导任副组长，增加市纪委、市委组织部为成员单位，分管副市长兼任领导小组办公室主任，从经信、住建、城管等部门抽调12名人员集中办公，划拨专项工作经费，形成齐抓共管的合力。2016年年底，成立大气、水、土壤污染防治"三大战役"

领导小组，建立大气污染防治联席会议制度，形成政府主导、部门协作、社会共治的大气污染防治格局。二是从雷声大、雨点小到雷雨交加、逗硬问责。市纪委强力介入，对工作落实不力、履职不到位和问题突出的单位，第一次约谈分管领导，第二次约谈主要领导并启动问责机制。2015年攻坚战期间，对履职不到位、问题突出的6个区市县政府、3个园区管委会和3个部门分别约谈，诫勉问责4人，有力推动了工作落实。三是从"头痛医头、脚痛医脚"到总体规划、综合治理。全面统筹，科学制定年度实施计划，从建筑施工扬尘污染治理、道路运输扬尘污染治理、餐饮油烟及露天焚烧污染治理、工业企业污染综合治理、加油站加油气回收治理、机动车尾气污染治理、秸秆焚烧污染治理等方面，制订中长期规划，瞄准改善空气质量的总目标，各个攻坚，综合施策。

2. 找准病症，各个击破

一是深化"治企"。加大落后产能淘汰力度，大力推广清洁生产，重点实施电力、水泥等行业企业除尘设施改造，强化环保治理设施运行管理。广安火电厂在全省率先实行燃煤电厂超低排放改造，完成台泥水泥等9家企业脱硫、脱硝、除尘改造，完成诚信化工等9家工业企业挥发性有机物治理。二是强力"治尘"。开展扬尘专项治理，全面落实"六必须""六不准"扬尘治理措施；强化精细化管理，在施工场所安装视频监控装置，对施工场地出入口车辆冲洗及各交通干道车辆遗撒等情况进行适时监控；建成15个脏车强制冲洗点，由城管、交警、交通部门驻点查缉脏车入城，加大保洁力度，有效控制了城区内空气污染。三是大力"治烟"。开展餐饮油烟集中整治，规范整治露天烧烤，督促安装油烟净化设施。建设4个腌腊制品集中熏制点，引导市民规范有序熏制，大大降低了因烟熏腊制品造成的污染。四是强化"治车"。深入推进黄标车及老旧车辆淘汰工作，全面完成省上淘汰目标任务。建成机动车环保检验机构6家，与市机动车排污监控平台联网，环保检验纳入核发安全技术检验合格标志前置条件。五是严格"禁烧"。启动秸秆还田试点，落实秸秆等废弃物禁烧市、县、乡镇、村四级责任体系，开展露天及秸秆焚烧巡查，及时发现、制止和查处秸秆焚烧行为。

3. "治气"工作成为常态

一是自上而下全域推进。市委市政府主要领导高度重视，先后多次专题调研，分管领导多次带队深入现场督促检查，每周例会研究部署大气污染防治工作。市级相关部门和区市县（园区）积极主动开展工作，人大、政协加强工作监督，参与执法检查，督促各级各部门履职尽责，形成全民参与、全域推进的工作格局。二是强化监管持续推进。市督查办将大气污染防治工作作为重点督查督办事项,每月督查通报,市"三大战役"办坚持天天搞巡查、日日出通报,2017年巡查工地610余家次,发出督办通知41份。明确"部门督导、属地管理、群众参与、社会监督"的网格化监管制度,每天通报、曝光各地大气污染情况,并责成责任单位及时整改、治理,建立健全督查常态化机制。三是确保成效纵深推进。通过采取一系列强有力的措施,2017年1—7月广安城区达标177天、超标35天,达标率83.5%,较去年同期(76.1%)上升7.4%,$PM_{2.5}$日均浓度为38.1微克/立方米,较去年同期(48.9微克/立方米)下降22.1%,空气环境质量持续向好。下一步,广安将继续围绕"减排、抑尘、压煤、治车、控秸"五大工程,促进大气污染防治工作持续化、常态化、制度化。

三、启示

其一,领导重视是大气污染防治工作顺利开展的保障。正是市委市政府主要领导的高度重视,大会小会一直强调,配齐人员力量,保障经费投入,要求全市上下一心、同向发力,落实环境治理责任,打击环境违法行为,严格督查考核问责,才使全市大气环境不断改善。同时,市政府与各区市县政府、园区管委会签订目标责任书,制定出台《广安市大气污染防治行动计划实施细则》及其年度计划,进一步明确目标任务,提出具体要求,细化措施办法,确保了大气污染防治工作自上而下的顺利推进。

其二,找准症结是大气污染防治工作取得成效的关键。经科学分析,扬尘是造成广安市大气污染的主要原因,也是大气污染防治的主攻方向。明确牵头部门责任,如市住建局牵头负责市本级建筑施工扬尘防治,市交通局牵头负责市本级道路扬尘防治,市城管执法局为广安城区扬尘污染执法主体,天天开展执法检查,对建筑施工、道路运输、堆货场等重点部位强力整治,全面落实建筑施工扬尘"六必须、六不准"措施,坚持每天清扫冲洗城区主干道,严格审批发放建筑垃圾运输许可证,加强运渣车辆和脏车入城管理,切实减少扬尘污染。

其三,严格问责是大气污染防治工作深入推进的动力。问责既是压力,也是动力。市委市政府将大气污染防治工作开展情况作为对各级领导干部综合考核评价和政府绩效考核的重要内容,定期对区市县空气质量的改善和大气污染防治工作贯彻落实情况开展督查并通报,对未通过考核的,以约谈、环评限批、追究相关人员责任等方式实行问责。绩效办、督查办、监察局等部门围绕既定目标任务，健全完善了责任公示、督促检查、绩效评估、考核奖惩等制度，倒逼各单位和责任人履职尽责，全力打好蓝天战役。

报送单位：广安市环保局
执笔人：杜琴、谢娜

政企合作谋治水　经济生态话双赢
——广安市全域实施"洁净水"行动经验

全国文明城市、国家森林城市、国家园林城市、四川省环保模范城市、循环经济发展示范市……这些都是近年来广安展示给全社会的一系列生态名片。这背后，是广安全市上下牢固树立绿色发展理念，全区域、深层次实施"洁净水"行动，探索"绿水青山就是金山银山"的高质量发展新路径。

一、背景

广安市有721条河流、342座水库、17 206口山坪塘、1 290处石河堰，水面面积达240平方千米。嘉陵江、渠江、大洪湖、御临河的出川断面全部在广安，广安境内水质好坏事关长江下游水环境安全。以前，由于经济发展方式较为粗放，践行绿色发展理念不够深入，环保设施配套不健全，广安的生态环境被破坏，水、大气、土壤等不同程度受到污染，影响了群众生活用水安全和身体健康，制约了广安可持续发展。

为子孙后代留下绿水青山、蓝天净土，是党委政府的责任。广安通过采取取缔肥水养鱼和网箱养鱼，并推广生态养殖和循环农业等措施，江河湖库堰水质有所好转，但由于水污染积重较深、治理欠账多，水环境治理系统复杂，受资金、技术、管理困难多种因素制约，采取这类"条块宰割、多头治水"的传统治理方式收效甚微。广安市群众的热切期盼，让广安市委市政府下定决心从2014年起全域推行"洁净水"行动。

二、做法

1. 全域实施"八大专项行动"

坚定不移走生态优先、绿色发展的路子，以"洁净水"行动为抓手，全面实施"八大专项行动"，有效治理农村面源污染以及城乡工矿企业、工业园区、江河、溪流、塘库水污染等。

一是开展生态修复专项行动。重点建设江河湖库及周边水淹涵养林、水土保持林和退耕还林等，全市森林覆盖率达到37.8%，空气质量达标率超过87.5%，生态系统自我修复、自我净化能力显著提高。

二是开展城乡生活垃圾污水处理专项行动。全面推进县城、园区和场镇污水处理设施建设，无害化处理城乡生活垃圾污水，全市城市、乡镇生活污水处理率分别达到90%、50%，城市、乡镇生活垃圾无害化处理率分别达到100%、80%。

三是开展工业污染防治专项行动。严格执行淘汰落后产能政策，强化工业园区工业废水集中处理，全域开展造纸、化工等重点行业水污染治理，确保实现稳定达标排放。关停重污染企业30余家，淘汰涉水落后产能企业9家，完成国家下达的化学需氧量、氨氮总量削减指标，污染物排放总量持续减少。

四是开展畜禽养殖污染防治专项行动。优化畜牧业区域布局，实行区域和总量双重控制，全面规范养殖行为。依法划定禁养区、限养区、适养区，系统整治养殖污染，关闭、拆除、搬迁禁养区养殖场1 064家。全面推广应用"沼气发酵、沼液沼渣还田"循环利用模式，大力发展种养结合型农业循环经济，有效促进畜牧业转型升级和养殖污染防治协调发展，建设沼气工程376处，全市沼气用户达29.5万户。

五是开展水产养殖污染防治专项行动。彻底取缔境内江河湖库网箱网栏施肥养鱼，终止饮用水源、备用水源水库养殖承包合同，综合治理养殖水体各类污染。加强水域生态系统修复，提高水体自身净化调节功能。目前，全市取缔网箱养鱼2.24万条、库湾拦河养殖设施设备1 500千米、打捞水葫芦及水面漂浮物2.13平方千米，江河湖库水生态全面改善。

六是开展农业农村污染治理专项行动。推进现代农业标准化生产，全面推广生态调控、生物防治等技术，大力发展循环农业、生态农业，综合防治农村面源污染，实行"户定点、组分类、村收集、乡转运、县处理"的农村生活垃圾收集处置模式，农业农村环境质量明显改善。

七是开展江河湖库内源治理专项行动。加大对江河、湖库、塘渠堰的综合治理力度，全面消除黑河、臭河、垃圾河。建立完善河道长效保洁管理机制，加强船舶污染防治，坚决杜绝河道湖库管理范围乱搭乱建、非法采挖砂石现象。完成西溪河6.5千米堤防工程建设，江河湖库水质明显改善。

八是开展饮用水安全保障行动。加快推进水源地及备用水源地规划建设及保护，构建起区域水源联网联调大格局。加强农村供水设施维护管理及水源地治理保护，使全市 123 个乡镇 914 个村 84.27 万人的饮水问题得到解决，让群众喝上了安全干净水。

2. 大力破解治水资金难题

坚持市场法则，政府购买服务，将辖区 2 区 1 市 3 县 108 个乡镇的水污染治理项目打捆包装，引进中国水环境集团采用 PPP 模式治水。项目总投资达 30 亿元，成功纳入四川省 PPP 示范项目、财政部第二批政府和社会资本合作示范项目。PPP 模式治水经验得到财政部"点赞"，并在全国推广。目前，已完成投资 15 亿元，全市运用 PPP 模式建成并投入运行污水处理厂（站）82 座，管网 175 千米，出水水质达到一级 A 标。

对于未纳入 PPP 项目的新农村聚集点、小场镇等地的污水处理项目，因地制宜选择建设有动力、无动力和微动力污水处理设施。此外，县级财政部门整合中央和四川省农业、水利等涉农资金，对治水予以适当补贴，加上乡镇补贴、群众付费等措施，满足建设管理资金需求。目前，全市乡镇建成污水处理站 154 座，761 个幸福美丽新村均建有无动力污水处理设施。

3. 引进世界领先技术建设地埋花园式污水处理厂

引入中国水环境集团利用先进技术建设的地埋花园式污水处理设施，这种设施地下是污水处理设施，地上是生态湿地花园。目前全市已建成广安市污水处理厂、花桥镇第二污水处理站、奎阁临港污水处理厂、华蓥天池污水处理厂等厂（站）。与传统污水处理设施比较，地埋花园式污水处理厂优势十分明显。

一是投资更加节省。采用中国水环境集团第五代下沉式污水处理系统，污水处理厂建在地面之下，占地仅为传统污水处理厂的 1/3；吨水投资造价约 4 000 元，约为国内同行业同规格下沉式污水处理厂吨水投资的 3/5。

二是处理工艺先进。采用多级厌氧好氧工艺，引进韩国空气悬浮离心鼓风机设备，节省曝气量 25%、节省电耗 10%。采用水源热泵技术，从污水中提取热量，实现资源循环利用。采用太阳能光导照明系统，可降低建筑物内部照明能耗和空调制冷消耗。项目搭配有水质深度处理系统，主要出水指标优于国家一级 A 标。

三是运行费用低。采用集团化管理，运营人员仅为同规模污水处理厂的 2/3，吨水处理成本节约近 1/5。

四是社会效益好。地上部分可建设公园等市政基础设施，可用于房地产开发，将传统的污水处理"负资产"变为"正资产"。

4. 建立健全工作机制

广安将"洁净水"行动作为"一号"工程，作为全市中心工作的重中之重，由各级各部门一把手亲自抓，全面加强组织领导和工作实施。

严格落实行政首长负责制，专项行动牵头部门主要领导现场研究协调治水中碰到的问题，区市县、园区主要领导坚持挂帅联系重点项目，县级干部实行包干负责制，同时，市县两级人大、政协充分发挥监督职能，以强有力的组织保障引领"洁净水"行动扎实开展。坚持将"洁净水"行动作为重点督查督办事项，建立健全了督查督办考核机制，实行一月一督查、一月一通报、一月一次推进会，促进了"洁净水"行动有效开展。严格绩效考核，将"洁净水"行动纳入年度绩效考核重点和重大民生工程，并作为评价领导班子、领导干部政绩的重要内容，对各区市县、园区和市级有关部门"洁净水"行动开展情况进行综合评比排名，定期通报表扬、逗硬问责，有效确保了"洁净水"行动工作落到实处。

"洁净水"行动实施四年来，全市水环境质量明显改善，嘉陵江稳定在Ⅱ类水质，渠江、大洪河出川断面稳定在Ⅲ类水质，城市、乡镇集中式饮用水源地水质达标率分别为100%、93.7%，"洁净水"行动治水经验在全国得到推广。

三、启示

广安全域水环境综合治理"洁净水"行动，建设绿水青山、蓝天净土的美丽环境，为践行绿色发展理念创新了经验。

其一，只有认真践行绿色发展理念，才能将生态文明建设融入经济社会发展的全过程。政府要通过干预影响绿色发展的顽固观念和行为，主动向外吸取先进经验，形成适合自身发展的规律性、可持续性的长效发展机制。

其二，要坚持以改革的办法、创新的思维以及市场法则的理念，破除资金、技术、管理、人才等资源环境瓶颈的制约。政府应该从过去重投资、重建设转变为重顶层设计、重过程监管、重购买服务，让社会资本发挥专业优势，政府力量和社会力量找准各自的定位，实现有机结合。

报送单位：中共广安市委员会办公室
执笔人：熊伟、谢娜

丘陵地区农业绿色发展的广安路径

改革开放40年来，中国农业的增长在同一时期跑赢了全国的人口增长，同时也跑赢了世界农业的增长。但传统农业的增长模式也面临资源和环境透支日益突出、生产成本上涨和价格严重不一致等问题。广安作为川东北丘陵地区典型的农业大市，也面临上述问题。

一、背景

广安全面贯彻"五大发展理念"，以川东北部丘陵地区农业发展实践为依托，以绿色发展为引领，以绿色生态系统为核心，以农业可持续发展为目标，使生态环境明显改善、农民收入明显提高。同时，广安将大力实施农业绿色发展战略，成功构建绿色生产基地、绿色生产工艺和绿色品牌产品的农业绿色发展新格局，为发展丘陵地区绿色高效现代农业开辟了新的道路。

二、做法

1. 实施三大行动，实现生态环境绿色化

广安市坚持全域统筹，积极推进生态环境治理，实现生态环境绿色化。一是实施大气污染防治行动，天变蓝了。广安以"创森"为统揽，加强森林植被建设。全市森林覆盖率达40.2%，分别高出全国、全省18.57个百分点、4.18个百分点，全年空气质量优良天数达99%。二是实施土壤改良行动，地变绿了。广安实施改土工程，实现了"小田变大田、薄土变厚土、瘦土变肥土"；加大农业面源污染防治，测土配方施肥面积约3 487平方千米，生物防治、物理防治等绿色防控面积约2 133平方千米。三是实施洁净水行动，水变清了。全域开展"洁净水"八大行动。全市国控、省控断面水质全部达标，土壤环境质量总体稳定，建成城镇污水处理厂（站）149座、覆盖率85%，建成太阳能、微动力、无动力污水处理站361个，集中饮用水源水质达标率100%。

2. 创新三种模式，实现生产方式绿色化

广安市坚持适度规模经营建园区、多业共生促循环、农旅结合拓空间，既绿了生产又强了发展。一是坚持适度规模经营，推进园区化发展。广安市积极发挥规模经营主体示范、引领和带动作用，培育各类新型农业经营主体6 944个，带动65%农户面，实现土地规模化经营100余万亩，约占全市耕地面积的37.5%；实施"111"工程，黑化产业路390千米，规模化、专业化、标准化建成产村相融示范区650平方千米，建成包括特色产业基地在内的优质基地约1 367平方千米，形成万亩特色园区83个。二是坚持多业共生共赢，推进循环式发展。广安发展林下养殖、稻田共栖养鸭、庭院养殖等生态养殖业态，建成畜禽养殖循环经济示范片24个；推广"猪（鸡、鸭）-沼-菜（果）"等模式，综合利用沼液约267平方千米；创新"稻-菇、稻-菜-菜、稻-芋-芋、稻-稻-鸭"模式，仅"稻-菇"循环模式就能亩产3万元以上。三是坚持一业带三产，推进融合式发展。广安市依托产业文化以及旅游、休闲、健康等功能的叠加，促进生产、消费与体验的互动，促进生产、生活与生态的有机结合。

3. 抓实三个环节，实现农产品绿色化

广安市坚持强供给，初步建成全国商品粮和优质生猪生产基地、巴渝粮仓、中国西部绿色菜都、中国西部柑桔大市等。一是以市场为导向，选准绿色产业。广安积极打造重庆绿色农产品加工供应基地和休闲旅游目的地。全市建成"五大带状优质稻基地"640平方千米，"八大柑橘产业带"约313平方千米，"五大优质菜区"280平方千米，梨子、葡萄特色产业基地100平方千米；建成花椒产业基地140平方千米、核桃产业基地约213平方千米、林业产业基地760平方千米。二是以安全为核心，推广绿色技术。广安坚持标准化生产，全市共推广农业标准（生产技术规程）150多项，建立农业标准化示范区约733平方千米，绿色防控面积约2 133平方千米，农药用量减少50%以上，果树、蔬菜化肥用量减少80%以上。广安建立健全农产品质量安全公众查询、企业管理和政府监管三大平台系统，实现了全市20余家农业龙头企业产品质量可追溯。三是以品牌为依托，狠抓绿色营销。广安市创建了"华蓥山"公用品牌，带动注册农产品商标2 000余个，其中驰名商标4个、著名商标16个、绿色有机食品41个、国家地理标志产品10个。全市使用"华蓥山"公用品牌企业达到113家，形成了"广安龙安柚""广安蜜梨""邻水脐橙"等一批在全国叫得响、市场占有率高的知名品牌。

4. 建立三项机制，以改革创新促进绿色发展

广安市坚持把改革创新作为推进农业绿色发展的原动力，着力放活土地经营权，扶持发展新型经营主体，创新发展利益机制，实现了可持续发展。一是建立政策激励机制。广安市有针对性地制定了一系列激励扶持政策，并将其贯穿于生产、加工、销售各个环节。在生产环节，对适度规模发展特色产业的经营主体，按每年 500~900 元/亩给予土地租金补助，连补 3 年。在加工环节，对实施技改农产品加工龙头企业，按其上缴税收地方所得 10% 予以补贴；政府设立贷款风险补偿金 3 600 万元，按 1∶10 比例放大贷款额度，并对贷款企业给予 1% 的贷款贴息。在营销环节，对获得中国驰名商标、省著名商标的分别予以 50 万元、20 万元专项经费补助，对使用"华蓥山"公用品牌农业企业予以标识补贴。二是建立项目整合机制。近三年来，全市共整合涉农项目资金 52 亿元，撬动金融、社会资本 130 亿元。三是建立利益联结机制。广安市探索建立产值分成、寄托生产、资产入股、反租创业、财政资金股权量化等利益联结模式。其中，广安禾诚花椒专合社鼓励农民以土地入股，合作社负责提供花椒树的栽植、技术、管理及销售，收成由农户与合作社按三七开比例分成。四川欧阳农业公司采取"承租返包，借地还园，合作经营，五五分成"模式，让农民变成股东。武胜县新时代农机专合社将 270 万元财政资金中的 61.9% 平均量化给 152 个合作社成员，28.1% 按集资入股社员实行差异量化。入股社员最低配股 0.25 万元，最高配股 15.16 万元；10% 量化到 20 户建档立卡贫困户，每户配股 1.35 万元。

三、启示

推进农业绿色发展是实现农业转型升级的重要内容，只有把绿色发展理念融入农业发展全过程，农业才有出路。

其一，必须注重系统规划。农业绿色发展是一个系统工程，涉及生产环境、生产工艺和市场营销，以及乡村一体化、农业旅游一体化。要结合当地情况，做好整体规划设计。

其二，必须注重技术支持。现代绿色农业本质上是一种由科学技术支持并以现代投入为基础的集约型农业，关键在于科学施肥和合理用药。科技支撑能够将农业绿化与农业现代化有机地结合起来。

其三，必须关注市场导向。与传统农业相比，绿色农业的生产成本显著增加。生产者要积极发展绿色农业，就必须获得足够高的回报，以实现更高的利润。此外，在"互联网+"时代，培育品牌、农超对接，提升消费者信心更加

便利。

其四，必须注重规模指导。绿色农业的发展要求采用严格的生产技术和程序，充分发挥规模型经营主体的示范、引导和带动作用，以破解农户小生产所遇到的推广使用绿色生产技术难度大、农产品质量安全监管难以全面覆盖、难以适应大市场对农产品数量和质量的需求等难题。

报送单位：中共广安市委农村工作委员会

执笔人：周仪、潘福兴

后　记

《广安高质量发展典型案例选编》是根据四川省委、广安市委领导的指示，由小平干部学院、中共广安市委党校、广安市行政学院、广安市社会主义学院对广安高质量发展经验的总结。本书既可作为广安市本土干部业务培训的教材，也可作为总结和研究广安高质量发展经验用书，还可作为四川和其他地方研究区域发展的参考资料。

本书由小平干部学院、中共广安市委党校主编。为统筹推进编写工作，小平干部学院、中共广安市委党校成立了由领导牵头的编写组和六个工作小组，各工作小组组长分别由小平干部学院、中共广安市委党校领导担任，副组长分别由区市县委组织部分管干部培训工作的领导和区市县委党校常务副校长担任，主要负责区市县案例的组织撰写与质量把关工作。邓小平城乡发展学院原院长陈锁明、中共广安市委党校原常务副校长蒙焱雄、广安市行政学院原院长助理张慧芳主持研究审定本书结构和案例篇目，制订编写计划。蒙焱雄、张慧芳和胡利群副教授负责全书统稿。

编选工作于2017年9月正式启动。截至2018年1月，编写组共收集案例337篇。在各小组整理、筛选和修改完善的基础上，编写组又按照经济建设、政治建设、文化建设、社会建设、生态文明建设五类进行分类修改完善。编写组最终选出典型案例50篇，并统筹定稿。其中经济建设类案例15篇，政治建设类案例9篇，文化建设类案例8篇，社会建设类案例11篇，生态文明建设类案例7篇，较为系统地展示了广安高质量发展的成功经验与具体做法，对进一步深入推进"五位一体"战略，推进高质量发展有着重要的参考价值。

本书的编写得到了广安市委市政府领导和相关专家的关心和支持，得到了市及区市县相关部门的支持和帮助，特别是中共四川省委党校彭穗宁教授、中共重庆市委党校黄远固教授对本书的编写给予了大力的指导和帮助，市委组织部以及各区市县委组织部、党校做了大量协调工作，在此一并表示衷心的感谢！由于编者能力和水平有限，书中难免有疏漏和不足之处，恳请读者批评指正。

本书编写组
2019 年 5 月